CATALOGUE

DE TABLEAUX

DES ÉCOLES D'ITALIE, DE FLANDRES ET DE FRANCE.

DESSINS précieux, montés & non montés des trois Écoles; Estampes, dont presque l'œuvre de *Labelle*; Terres Cuites, Figures de Bronze, de Marbre, de Plomb; Porcelaines, Tabatieres, Médailles antiques & modernes; formant le Cabinet de feu M. COLLET, Chevalier de l'Ordre de Saint Michel, &c. &c.

Par J. B. P. LE BRUN, Garde des Tableaux de Mgr. Comte d'Artois.

LA VENTE s'en fera le Lundi 14 Mai en la grande Salle rue de Cléry, n° 96, où l'on verra l'exposition les deux jours qui précéderont la Vente depuis 10 heures du matin jusqu'à une heure précise.

Le présent Catalogue se distribue

A PARIS,

Chez M. LE BRUN, Peintre, rue de Cléry, n°. 95.

1787.

AVANT-PROPOS.

QU'IL me ſoit permis d'oublier un moment la charmante collection que je vais décrire, pour ne parler que d'un Citoyen honnête & diſtingué, que les Arts & les Lettres doivent également regretter.

M. Louis-Jean-François *Collet** n'eſt point un de ces hommes qui, jetés au haſard ſur la terre, & réputés à-peu-près nuls pour la ſociété, naiſſent, vivent & meurent ſans avoir connu un ſeul inſtant le prix de l'exiſtence. Utile à ſon pays par ſes talens, cher à ſes amis par ſes vertus, M. Collet a rempli ſa carriere d'une maniere honorable, & a du moins eu en mourant, la conſolation d'emporter des regrets juſtement mérités.

C'eſt en 1751 qu'il fut nommé Secré-

* Il étoit né à Paris le 16 Mars 1722.

taire d'ambaſſade à *Parme* à la ſuite de M. le Marquis *de Cruſſol*, envoyé Miniſtre Plénipotentiaire en cette Cour. Dans le long ſéjour qu'il y fit, il eut bientôt juſtifié le choix que l'on avoit fait de lui pour remplir la place dont il étoit honoré. Il eut même l'avantage de reſter ſeul chargé des affaires de la Cour de France pendant les abſences de ſon Miniſtre, & dans ce poſte plus important, il remplit ſi bien les fonctions délicates dont il étoit chargé, que pour lui en témoigner ſa ſatisfaction, Louis XV lui envoya par M. le Comte *de Rochechouart*, nommé pour remplacer M. *de Cruſſol*, le cordon noir avec un brevet de penſion. Ce fut alors que Madame l'Infante ſe l'attacha particulierement comme Secrétaire de ſes Commandemens. Mais M. *Collet*, preſſé du deſir de revoir ſa patrie, & content de lui avoir payé le tribut de ſes ſervices, ſe détermina à revenir en France, & y arriva en 1756.

De retour dans sa patrie, il consacra son tems aux Arts & aux Lettres; il n'avoit point perdu dans le séjour qu'il avoit fait loin d'elle, les momens de loisir que ses travaux lui laissoient. En soumettant ses goûts à ses occupations, il avoit étudié les productions des grands Peintres, & s'étoit nourri de la lecture des meilleurs Poëtes de l'Italie; aussi ne tarda-t-il point à entrer en concurrence avec les Auteurs Dramatiques qui travailloient alors pour le théâtre de la Nation.

L'Isle Déserte, Comédie en un acte & en vers, qu'il fit représenter * par les Comédiens François, le fit connoître avantageusement. Le développement heureusement ménagé d'un cœur naïf & tendre, la pureté d'un stile élégant & correct, & la gaité de quelques scênes vraiment comiques, assurerent bientôt le succès d'un ouvrage fait pour rester au Théâtre,

* Le 23 Août 1758.

& qu'on regrette de ne pas voir plus souvent. M. *Collet* avoit donné la même année à l'Opéra *Vénus & Adonis*, avec la musique de *Mondonville*; & en 1776, les Comédiens François donnerent encore de lui une Comédie en trois actes & en vers sous le nom d'*Abdolonyme* ou le *Roi Berger*. Ajoutons à cette liste peu nombreuse d'ouvrages qu'il avoit rendus publics, quelques pieces fugitives imprimées, & sur-tout une *Épitre à l'Hymen*, remplie de détails ingénieux & faciles qui prouvoient également en faveur de son ame & de son esprit, & qui lui mériterent les suffrages *de Gresset*. Je ne parlerai point de quelques Opéras & d'autres pieces que sa modestie lui a fait tenir soigneusement cachées dans son porte-feuille, & qui, si elles avoient été connues, n'auroient fait qu'ajouter à sa réputation. Ce fut pourtant d'après ses succès, & sur la haute opinion que l'on avoit conçue de lui, qu'à la mort de M. *Morand* * il fut choisi pour remplir

* En 1773.

la place *de Secrétaire de l'Ordre de Saint-Michel*, que MADAME SOPHIE DE FRANCE le nomma *Secrétaire de ſon cabinet* *, & qu'enfin quelques années avant ſa mort il fut fait *Cenſeur Royal.* ** C'eſt dans le cours de ſes différens travaux qu'il ſe délaſſoit en viſitant les Artiſtes ; il aimoit à s'entretenir avec eux. Sa maiſon étoit auſſi le rendez-vous des gens de lettres. MM. *Dorat*, *Lemierre*, *Rochon de Chabannes*, *du Doyer*, & *Blin de Saintmore* étoient liés avec lui, & rendent également juſtice aux qualités de ſon cœur & de ſon eſprit.

Mettons un dernier trait à cette legere eſquiſſe. Naturellement bon & juſte, M. Collet ne permettoit jamais que l'on attaquât ſes amis devant lui; toujours prêt à les défendre en leur abſence, la médiſance & la calomnie avoient le même tort à ſes yeux : auſſi fut-il aſſez heureux pour goûter toutes les douceurs de l'amitié. Adoré

* En 1777. ** En 1783.

d'une famille respectable, les noms d'époux & de pere étoient des mots qu'il ne prononçoit jamais qu'avec attendrissement. Doué d'une complexion forte & d'un tempéramment robuste, il résista longtems aux attaques d'une maladie aigue ; mais il y succomba enfin, & mourut dans les douleurs les plus cruelles le 6 Mars dernier.

Le Cabinet qu'il laisse, & qu'il s'étoit plu à former, offre des dessins des différentes écoles, aussi rares que précieux, parmi lesquels on en remarque plusieurs de *Laurent de Lahire* qu'il avoit achetés de la famille même de ce Peintre, & qui sont en partie les premieres pensées de ceux de Saint-Étienne-du-Mont. On distingue aussi dans sa collection, des Tableaux d'un choix pur, des Terres Cuites, des Marbres, des Bronzes, des Médailles antiques, & différens autres objets de *curiosité* intéressans.

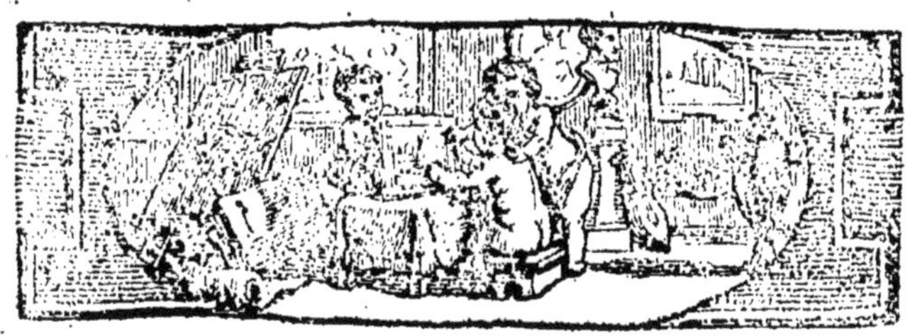

CATALOGUE

DE TABLEAUX,

DES ÉCOLES D'ITALIE,

DE FLANDRES, DE HOLLANDE

ET DE FRANCE,

ET AUTRES OBJETS.

DIFFÉRENTES ÉCOLES D'ITALIE.

ANTOINE CORREGE.

N°. 1 DEUX petites Têtes d'Anges, vues de profil ; ces deux jolis Tableaux sont vraiment du Peintre celebre dont nous les annonçons. 28 lignes de diamêtre. Toile collée sur bois.

LE PARMESAN.

2 Sainte Catherine; elle eſt dans un Payſage aſſiſe auprès d'un Palmier, & reçoit des Palmes que deux jeunes Anges s'occupent à lui cueillir. Ce Tableau qui eſt de la plus jolie compoſition, réunit à un deſſin très correct, une execution précieuſe. Hauteur 9 pouc. 10 lignes, larg. 7 pouc. 6 lignes C.

PARMESAN & M. LAGRÉNÉE jeune.

3 Deux Têtes vues de profil en regard, & faiſant pendants; l'une d'elles eſt coïffée d'un turban. Haut. 3 pouc. & demi, largeur 2 pouc. 9 lignes. B.

SCHIDONE

4 Un Repos en Egypte. La Sainte Vierge vêtue d'une robe rouge eſt aſſiſe près d'un débris de colonne, & tient ſur ſes genoux l'enfant Jeſus qui tend les mains pour recevoir des dattes que lui cueille Saint Joſeph, debout auprès de lui. Hauteur 9 pouc., larg. 7 pouc. B.

PEZARÉS.

5 Saint-Jérôme dans un déſert. Il eſt à genoux, un livre de prieres eſt ouvert devant lui poſé ſur une pierre; la tête eſt vue de face, le regard tourné vers le Ciel. Ce Tableau vigoureux eſt de la plus grande maniere. Haut. 12 pouc., larg. 17 pouc. 9 lignes. T.

PAR LE MÊME.

6 Le petit Saint-Jean, couché endormi, la main ap-

puyée sur son agneau, une gloire de chérubins le contemple. 3 pouces de diamêtre. C.

L. CARRACHE.

7 Une fuite en Egypte. Les figures sont vues à mi-corps, la Vierge est habillée d'une tunique rouge, recouverte d'une draperie bleue. Il peut servir de pendant à l'article précédent. 3 p. de diamêtre. C.

DE L'ÉCOLE DU CARRACHE.

8 Un tableau représentant la Vierge vue à mi-corps, tenant l'Enfant Jésus dans ses bras. Ovale en travers. Hauteur 5 pouces, larg. 6 pouces 6 lign. B.

DE L'ÉCOLE DU POUSSIN.

8 *Bis*. Un tableau de même grandeur, représentant deux enfans couchés qui se jouent. T.

LE GUIDE.

9 Le Christ couronné d'épines, & la Vierge; deux ovales faisant pendans. Ces tableaux très-fins & précieux, sont du beau tems de ce célebre artiste. Hauteur 3 pouces 6 lignes, largeur 3 pouces. C.

DE LA CIRANY.

10 Le petit Saint-Jean assis, & contemplant une croix; le fond est un paysage. Hauteur 4 pouces 6 lignes, largeur 7 pouces 5 lignes.

GUIDO CAGNIACCY.

11 Sainte-Catherine tenant une palme; elle est vue de trois quarts & à mi-corps, habillée d'une draperie violette, la tête élevée vers le ciel. Ce tableau

d'un bon caractere & d'une bonne expression, est d'une touche savante. Hauteur 25 pouces, largeur 21 pouces. T.

M. DE CARRAVAGE.

12 Saint-François en méditation dans le désert, prosterné devant un crucifix. Ce tableau, d'une touche ferme & d'un beau caractere, est d'un dessin pur & correct. Hauteur 43 pouces, largeur 50 pouces. T.

LANFRANCO.

13 Une belle tête d'homme, portant barbe blanche, représentant S. Pierre. Ce tableau, d'une touche ferme & d'un beau caractere, est d'une grande vérité. Haut. 18 pouces, largeur 15 pouces. T.

F. BOLOGNESE.

14 Deux Paysages. Dans l'un on voit sur le premier plan un homme & une femme dans un grand chemin; plus loin, auprès d'une riviere faisant cascade, trois figures sont assises, des masses d'arbres d'un beau feuillé ornent les différens plans de ce tableau, dont le fond offre de grandes fabriques & des montagnes qui se détachent sur un ciel clair. L'autre offre sur un terrein enrichi d'arbres & de plantes, entrecoupé d'une riviere, un pâtre assis auprès d'un troupeau de moutons; près de-là sont deux femmes, dont l'une tient un enfant dans ses bras; le fond est terminé par

des montagnes. Haut. 9 pouces, largeur 7 pouc. 6 lignes. C.

E. B. MURILLOS.

15 Saint-Bruno à genoux devant la Vierge, que l'on voit sur un nuage, portant l'enfant Jésus dans ses bras; trois chérubins sont grouppés auprès. Ce tableau, éclairé par la gloire qui environne la vierge, est d'un effet piquant. Hauteur 7 pouces 6 lignes, largeur 5 pouces 5 lignes. B.

MOLA.

16 Un beau paysage, dans lequel on voit Agar à qui l'ange ordonne de la part de Dieu de ne pas laisser mourir son fils, que l'on voit couché languissant auprès d'une pierre; Agar, vêtue d'une robe bleue, est auprès d'un arbre, l'Ange au-dessus d'elle est porté sur un nuage. Ce tableau est dans son genre un des plus capitaux & des plus beaux de ce maître. Haut. 16 pouces, larg. 20 pouc. T.

BENEDETTE.

17 Un paysage, sur le devant duquel est un grouppe de figures & une marche d'animaux, d'autres accessoires enrichissent cette composition, qui est d'une couleur brillante. Hauteur 14 pouces, largeur 21 pouces. T.

BENEDETTO LUTTI.

18 La Magdeleine, elle est vue dans une grotte assise sur une pierre & enveloppée d'une draperie

bleue qui laisse sa poitrine découverte; elle paroît dans l'abattement, une tête de mort est dans sa main droite, tandis que la gauche tient un fouet. Ce tableau d'un beau caractere, est très-bien peint. Hauteur 13 pouces 4 lignes, largeur 10 pouces 6 lignes. T.

CARLO CIGNANI.

19 Un groupe d'enfans, composition de cinq figures, l'un d'eux vu de face, monté sur un tonneau, ayant les yeux bandés, paroît être l'Amour; il est dans la douleur; des petits satyres qui l'environnent éteignent son flambeau & brisent ses fleches. Ce tableau très-bien peint, est d'une belle couleur. Hauteur 12 pouces 3 lignes, largeur 15 pouces 6 lignes. T.

LUCAS GIORDANO.

20 Un tableau représentant l'Annonciation. On voit dans le haut le Saint-Esprit dans une gloire, environnée de chérubins. Hauteur 30 pouces, largeur 24 pouces. T.

CARLE MARATTE.

21 Deux tableaux faisant pendans; l'un représente la Vierge, l'autre est l'ange qui la visite; il tient un lys dans sa main. Hauteur 5 pouces 6 lignes, largeur 4 pouces. C.

DE L'ÉCOLE DE CARLE MARATTE.

22 L'Enfant Jésus endormi dans son berceau, peint sur carton. 7 pouces & demi de diamêtre.

JACQUES BASAN.

23 Le repos de la Sainte-Famille, composition de trois figures sur le devant d'un paysage. Hauteur 18 pouces, largeur 24 pouces. T.

SÉBASTIEN RICCI.

24 Une esquisse représentant la Cène. Cette riche composition est d'une bonne couleur, & tient de la manière de Paul Véronèze. Hauteur 13 pouces, largeur 10. T.

PIAZZETTA.

25 Deux têtes faisant pendans, dont un jeune homme coëffé en cheveux, tenant une pomme; l'autre représente une vieille femme coëffée & ajustée d'une draperie, elle est vue de face ayant la main sur l'appui d'une croisée. Ces deux tableaux vigoureux & pleins d'effet, sont du bon temps de ce maître, dont les ouvrages sont rares en France. Hauteur 18 pouces, largeur 15 pouces. T.

PAR LE MÊME.

26 Deux têtes faisant pendans, dont une jeune femme tenant un pot, & l'autre un jeune homme coëffé d'un bonnet, montrant une médaille qui pend à une chaîne passée à son col. Hauteur 16 pouces, largeur 13 pouces. T.

PAR LE MÊME.

27 Deux tableaux faisant pendans; l'un représente une femme vue à mi-corps & de profil, la poi-

trine découverte, & ornée d'un colier de perles; elle est vêtue d'un juste brun, & tient un masque dans la main droite; près d'elle sa suivante, plus agée, est vue de trois quarts; l'autre est un homme âgé vu de face, il montre de la main droite une médaille d'or, attachée à une chaîne de même métal qu'il porte en sautoir. Ces tableaux sont de mérite égale aux précédens. Haut. 18 pouces, largeur 14 pouces 6 lignes.

SOLIMENE.

28 Deux tableaux faisant pendans; l'un est la Sainte Vierge vue à mi-corps, tenant dans ses bras l'Enfant Jésus endormi; l'autre est Sainte-Agnès ayant un agneau sur ses genoux. Hauteur 3 pouces 10 lignes, largeur 3 pouces 2 lignes, ovale. C.

ÉCOLES FLAMANDE,

HOLLANDOISE ET ALLEMANDE.

P. NÉEFS

29 Deux Tableaux faisant pendans; l'un représente l'intérieur d'une Eglise de Flandres, éclairé par des lampes; sur la droite on voit un drapeau, & plusieurs armoires appuyées contre les murs. Hauteur 6 pouces, largeur 8 pouces 2 lignes. C.

PAR LE MÊME.

30 La vue de l'intérieur d'une Eglise de Flandres, éclairée de jour, & ornée de petites figures, par Breughels de Velours. Ce fin & précieux tableau, vient de la collection de François Boucher, il est encadré dans une bordure de cuivre doré, enveloppée d'un cadre de bois aussi doré. Hauteur 1 pouces 5 lignes, largeur 2 pouces 5 lignes.

BREUGHELS DE VELOURS.

31 Un grand Chemin dans un bois au bord d'une riviere; on y compte sur le devant cinq Cavaliers, dont le plus éloigné est descendu de cheval, un pauvre s'avance vers eux pour leur demander l'aumône; sur une hauteur on voit encore trois mulets & leurs conducteurs; le lointain est formé par la riviere, on distingue sur le rivage quelques figures & animaux. Hauteur 9 pouces, largeur 12 pouces 6 lignes.

CORNEILLE POELEMBOURG.

32 La Magdelaine pénitente, visitée par les Anges dans le désert, elle est vue sur le premier plan dans une voûte formeé de rochers; le fond offre encore des masses de rocs surmontés d'arbrisseaux, & de plantes. Ce tableau peint avec fermeté, est de la maniere d'Italie de ce maître. Hauteur 15 pouces, largeur 20 pouces. B.

PAR LE MÊME.

33 Deux Paysages faisant pendans. Dans une grotte

on voit ſur le premier plan trois femmes nues, qui ſe diſpoſent au bain ; le payſage eſt très-ouvert & d'une compoſition riche.

Dans l'autre un troupeau de Vaches eſt en repos, auprès d'une ruine, & ſur la gauche deux pâtres ſont aſſis à terre. Ces deux tableaux ſont d'une qualité, & d'une conſervation parfaite. Hauteur 5 pouces 4 lignes, largeur 7 pouces 4 lignes. B.

GONZALES COQUES.

34 L'intérieur d'une chambre dans laquelle on voit près d'une table couverte d'un tapis, un homme debout vêtu de noir, ayant un manteau, il porte une épée, dont le ceinturon d'or eſt paſſé ſur l'épaule droite, qui ſoutient encore une écharpe bleue, attachée d'une agraffe de pierreries. Ce tableau très-harmonieux & bien peint, eſt du bon faire de ce maître. Hauteur 17 pouces 3 lignes, largeur 11 pouces. B.

C. POELEMBOURG.

35 Un Payſage. On voit ſur le devant une femme nue, aſſiſe au bord d'une riviere, deux autres ſont déja dans l'eau, la riviere eſt traverſée d'un pont d'une ſeule arche, ſur lequel on voit trois figures, il aboutit à une maſſe de bâtimens élevés, qui commandent la gauche du tableau, qui eſt éclairé au ſoleil couchant. Hauteur 6 pouces 4 lignes, largeur 5 pouces. B.

DAVID TENIERS.

36 Une compoſition de trois figures, vues juſqu'aux genoux ; ſur le devant un jeune homme vu de profil, vêtu d'un juſte gris de lin, avec des manches aurore découpées à l'Eſpagnole, la tête coëffée d'un chapeau orné d'une plume attachée par un lacet d'or, tient dans la main gauche une écaille de moule pleine d'eau de ſavon, dont il fait des bouteilles, on en voit une attachée à un chalumeau de paille, qui eſt dans ſa main droite, & qu'un jeune garçon cherche à retenir dans ſon chapeau ; derriere lui un plus jeune coëffé d'un chapeau noir, ſouffle des charbons allumés dans un vaſe de métal, une draperie relevée par un gland, eſt attachée contre le mur. Ce tableau de la plus grand harmonie, eſt du bon faire de ce maître. Hauteur 11 pouces, largeur 9 pouces. B.

PAR LE MÊME.

37 La Tentation de Saint Antoine ; on le voit aſſis au milieu de ſa grotte tenant un livre de priéres, il eſt entouré de monſtres de l'invention la plus bizarre, dont le plus remarquable eſt debout auprès de lui les mains jointes ; à ſa droite un autre lui préſente un verre de vin ; ſur le devant & dans la demi-teinte, un troiſieme aſſis tient dans ſes mains un ballet ſurmonté d'un flambeau allumé : une tête de mort, une cruche & des livres ſons les acceſſoires de ce tableau, qui

est rendu avec toute la finesse & l'esprit que l'on remarque dans les meilleurs ouvrages de ce maître. Hauteur 7 pouces 9 lignes, largeur 5 pouces 10 lignes. C.

DAVID TENIERS.

38 Les Nouvellistes; deux Tableaux pouvant faire pendans : l'un est une composition de trois figures vues à mi-corps, le plus âgé est assis sur le devant appuyé sur une table, l'un des deux autres qui sont débout, lit la gazette; l'autre n'offre que deux figures vues jusqu'aux genoux, l'une desquelles est un vieillard assis auprès d'une table sur laquelle on voit un pot, il lit la gazette, tandis qu'un plus jeune, dans la demi-teinte, regarde sur le papier. Ces deux Tableaux sont encore des précieux de ce Maître. Hauteur 6 pouces 3 lignes, largeur 4 pouces 10 lignes.

PAR LE MÊME.

39 L'Intérieur de la Maison d'un Garde-Chasse : on y voit trois figures; le Garde est débout au milieu appuyé de la main droite sur son fusil, il paroît indiquer un chemin à un vieillard que l'on voit près de lui chapeau bas, & derriere lequel un homme tient en laisse deux levriers; l'on voit à terre différens accessoires de ménage, deux canards étendus morts, & deux chiens de chasse couchés auprès; un lievre est accroché à droite au volet de la fenêtre; la porte qui est ouverte

laisse voir la campagne. Ce Tableau est du bon tems de ce Maître. Hauteur 11 pouces 4 lignes, largeur 9 pouces 6 lignes. B.

PAR LE MÊME.

40 Le Portrait de Craësbeke; il est vêtu d'un surtout brun, & a la tête coëffée d'un chapeau orné de plumes. Hauteur 4 pouces 9 lignes, largeur 3 pouces 8 lignes. C.

PAR LE MÊME.

41 Un Paysage, sur le devant duquel on voit deux paysans conversant ensemble; le fond offre la vue d'un ancien château situé au haut d'une colline. Ce tableau est d'une touche spirituelle & facile. Hauteur 3 pouces 3 lignes, largeur 4 pouces 10 lignes. B.

RYMBRANTS VAN RYN.

42 Une Tête d'Homme vue de profil & en buste, portant barbe, coëffée d'un turban blanc. Ce Tableau, d'une couleur chaude & harmonieuse, est fait librement. Haut. 8 pouc., larg. 6 pouc. B.

PAR LE MÊME.

43 Une Tête d'Homme coëffée de cheveux châtains, retombant sur les épaules; la figure est d'une belle expression. Hauteur 11 pouces 3 lignes, largeur 9 pouc.

PAR LE MÊME.

44 Une Tête de Vieillard portant barbe blanche,

d'un beau caractere & d'un grand effet. Hauteur 8 pouces 6 lignes, largeur 7 pouces 3 lignes. B.

PAR LE MÊME.

45 Une Tête de Vieillard d'un beau caractere & d'une grande vérité de couleur. Hauteur 5 pouces 8 lig. largeur 4 pouces 8 lignes. B.

DE L'ÉCOLE DE RYMBRANTS.

46 L'Intérieur d'une Chambre dans laquelle on voit une Nourrice, tenant un livre & occupée à regarder son enfant endormi dans un berceau. Ce Tableau vigoureux est spirituellement fait. Hauteur 15 pouces, largeur 20 pouces. T.

GERARD DOUW.

47 Un jeune Militaire vu de profil : il est habillé de noir portant un haussecol, la tête est coëffée d'un bonnet noir orné de plumes. Ce Tableau a toute la finesse des meilleurs ouvrages de ce Maître. Ovale, hauteur 5 pouces 3 lignes, largeur 3 pouces 10 lignes. B.

PAR LE MÊME.

48 Un jeune Homme assis vu à mi-corps, qui cherche les puces d'un chien endormi sur ses genoux; il est vêtu d'une veste brune, un tablier de cuir est attaché au bouton de sa veste. Ce Tableau est d'une grande vérité de couleur & d'exécution. Hauteur 6 pouces, largeur 4 pouces 9 lignes, ovale. B.

JEAN LIEVENS.

49 L'Intérieur d'une Chambre dans laquelle on voit auprès du feu un homme endormi dans un fauteuil, le coups penché sur le bras gauche; il est vêtu d'un manteau brun-rouge, par-dessus un habit de la même couleur, la tête couverte d'un bonnet violet posée sur la main gauche, & la droite est à demi-cachée dans sa veste. Ce Tableau très-harmonieux a toutes les beautés de ceux du bon tems de Rymbrants. Hauteur 18 pouces 6 lignes, largeur 15 pouces.

VAN TOLL.

50 Deux figures vues à mi-corps sur l'appui d'une fenêtre; sur le devant une femme vêtue d'un juste brun-rougeâtre, écoute attentivement un homme qui semble lui parler, & qui est derriere elle; près d'eux on voit sur une table un pot d'étain & un verre. Ce Tableau est peint avec vérité. Haut. 9 pouc., larg. 7 pouc. 6 lig. B.

PAR LE MÊME.

51 L'Intérieur d'une Chambre, dans laquelle on voit un Vieillard portant barbe blanche, assis auprès d'une femme qui lit une lettre. Ce Tableau est harmonieux. Hauteur 10 pouces 10 lignes, largeur 9 pouces 6 lignes. B.

J. RUISDAAL.

52 Un Paysage. La vue d'une Chaumiere sur le haut d'une monticule dont le pied est baigné par une

petite riviere ; on distingue près d'un grouppe d'arbres un homme & une femme, on voit encore dans l'éloignement quelques figures sur différens plans. Hauteur 11 pouces 4 lignes, largeur 9 pouces 9 lignes.

J. RUISDAAL.

53 L'Hiver. La Vue d'un Canal gêlé, sur le bord duquel on voit des fabriques & des arbres couverts de neige, sur le devant trois figures le traversent ; on voit dans le lointain quelques maisons, des figures & des mats de chaloupe, le ciel est très-sombre. Hauteur 9 pouces 9 lignes, largeur 11 pouces 6 lignes. B.

VAN UDEN.

54 L'Intérieur d'une Forêt traversée par une petite Riviere. Ce joli Tableau est rendu avec grande vérité & d'un beau fini. Haut. 7 pouces 6 lignes, largeur 4 pouces 6 lignes. C.

P. DE LAAR *dit* BAMBOCHE.

55 L'Intérieur d'une Cour : on voit dans le fond à gauche un Mulet attaché, auquel un petit garçon apporte à manger, à droite un homme qui paroît le muletier, est occupé à prendre de l'eau dans une pierre quarrée. Ce Tableau, peu éclairé, est précieusement rendu. Haut. 2 pouces 2 lignes, largeur 3 pouces. C.

J. WINANTS.

56 Un Paysage, dont la droite présente une masse

d'arbres près d'un chemin, dans lequel on voit un homme conduisant une vache, & conversant avec une femme qui porte un enfant; elle est montée sur un âne & précédée d'un chien; la gauche est ornée de masses d'arbres & de montagnes, plusieurs figures sont distribuées sur les premiers plans, la campagne est traversée d'une riviere qui, après beaucoup de détours, va se perdre dans le lointain. Hauteur 25 pouces, largeur 22 pouces.

PAR LE MÊME.

57 La vue d'un grand chemin qui traverse une petite plaine & conduit dans un bois, à l'entrée duquel on voit plusieurs chaumieres; sur le premier plan une femme, accompagnée d'un petit garçon, suivie d'un chien, porte sur sa tête un panier, un autre est passé dans son bras gauche. Dans la plaine qui est ornée de grands arbres isolés, on distingue un homme assis, & plus loin un cavalier accompagné d'un homme à pied & de deux lévriers; la droite est occupée par une riviere qu'un homme traverse dans un bateau, on voit encore sur le rivage deux pêcheurs à la ligne; le lointain, orné de fabriques & d'arbres, est terminé par des montagnes. Haut. 12 pouces 6 lignes, largeur 15 pouces. B.

P. WOUWERMANS.

58 Un souterrein, dans lequel on voit un homme descendu de cheval, on apperçoit dans le lointain un

voyageur à pied qui se détache sur un fond clair. C'est un des jolis tableaux de cet habile maître. Hauteur 4 pouces 9 lignes, larg. 6 pouces 10 lignes. B.

E. ESSELENS.

59 Un tableau représentant différens groupes de figures en marche & d'autres en repos près des dunes de Sckeweling, dont la droite est occupée par une voiture de mareilleur & d'autres marchands de poissons ; les fonds offrent les approches d'un port & une vue de mer ornée de quelques chaloupes. Ce tableau tient de la belle maniere de Bamboche, & de son meilleur faire. Hauteur 24 pouces, largeur 30 pouces. B.

GABRIEL METZU.

60 Le portrait d'un homme vêtu d'une grande robe noire, & portant la main droite sur sa poitrine; la tête est d'un beau caractere. Ce tableau est du bon faire de ce maître. Hauteur 7 pouces 6 lignes, largeur 6 pouces 3 lignes. B.

PAR LE MÊME.

61 Un homme le front chauve, vu à mi-corps & couvert d'un manteau ; il est occupé à lire une lettre. Ce tableau d'une touche facile & moëlleuse, est d'un mérite distingué. Hauteur 9 pouces, largeur 7 pouces. T. collée s. B.

GODEFROY SCHALCKEN.

62 Diane vue à mi-corps & par le dos, la tête de

trois quarts tournée ſur l'épaule gauche; elle eſt vêtue d'une chemiſe paſſée ſur l'épaule droite, qui laiſſe à découvert tout le corps juſqu'au bas des reins; une draperie rouge & flottante couvre le reſte du corps; de la main droite la déeſſe tire une fleche d'un riche carquois qu'elle porte ſous le bras gauche, elle eſt dans un bois éclairé par un grand ſoleil, dont les rayons qui percent au travers des arbres frappent vivement ſur les extrémités de la figure, & laiſſent tout le reſte éclairé d'une demi-teinte douce & de reflets ménagés avec toute l'intelligence que la réalité ſeule paroît capable d'offrir. Ce tableau qui eſt de la plus grande fineſſe, eſt du beau faire de cet habile maître. Hauteur 15 pouces 6 lignes, largeur 12 pouces 6 lignes.

Adrien van Ostade.

63 Un homme vu à mi-corps, liſant une lettre, la tête eſt couverte d'une calotte brune, ſon habillement eſt un ſurtout de la même couleur. Ce tableau eſt du bon faire de ce maître. Hauteur 5 pouces 9 lignes, largeur 4 pouces 9 lignes. B.

J. Stéen.

64 Un homme vu en pied, vêtu d'un habillement brun-rouge; il eſt aſſis ſur un tabouret auprès d'une table, ſur laquelle eſt un pot; de la main droite il tient une pipe qu'il vient d'ôter de ſa bouche, dont il ſort une bouffée de fumée; la tête porte un caractere de ſatisfaction de la plus grande vérité. Ce

tableau réunit dans toutes ses parties toute la finesse & l'intelligence de couleur qui font un chef-d'œuvre. Hauteur 9 pouces, largeur 7 pouces 6 lignes. B.

BONAVENTURE PETERS.

65 Deux marines; l'une est un calme, on y voit en mer quelques chaloupes ornées de figures; l'autre représente une tempête, on découvre un vaisseau brisé contre un rocher. Hauteur 8 pouces, largeur 6 pouces. B.

VAN-HŒCK.

66 Une Sainte famille. La Sainte Vierge est assise, l'Enfant Jésus sur ses genoux; à droite on voit Sainte Élisabeth & le petit Saint Jean; derriere la Vierge, & dans la demi-teinte on apperçoit Saint Joseph. Ce tableau d'une couleur vigoureuse, est d'un effet agréable. Haut. 8 pouces, larg. 6 p. B.

ADAM PYNAKERT.

67 L'intérieur d'une forêt, traversée de plusieurs chemins où percent des rayons de soleil, deux figures sur différens plans ornent ce tableau qui est du bon faire de ce maître. Hauteur 5 pouces 2 lign. largeur 7 pouces. C.

W. WANDEVELDE.

68 Une tempête; sur le devant on voit un vaisseau qui se brise contre un rocher, sur lequel les matelots se réfugient, la mer est couverte de débris; à gauche, sur un plan éloigné, on voit encore un vaisseau. Haut. 5 p. 4 lign. larg. 7 p. 6 lign. C.

JEAN MIEL.

69 Une danſe villageoiſe ; compoſition de treize figures ; ſur le devant à gauche, auprès d'une auberge, à la porte de laquelle on voit une femme, un jeune villageois & une jeune fille danſent au ſon d'une mandoline, le joueur, appuyé ſur un tonneau, eſt environné de ſpectateurs, dont le plus remarquable eſt un vieillard appuyé ſur une faulx ; derriere eſt un homme à cheval, vêtu d'un manteau rouge, & la tête couverte d'un chapeau de plumes ; on voit dans le lointain deux voyageurs qui traverſent une petite riviere. Ce tableau d'une couleur chaude & harmonieuſe, eſt un des meilleurs de ce maître. Haut. 19 p., larg. 23 p. T.

HERMAND SWANEVELT.

70 Un Payſage ; ſur le devant on voit Mydas qui change en or tout ce qu'il touche. Il eſt habillé d'une robe bleue & d'une draperie rouge ; la tête portant une grande barbe blanche, eſt coëffée d'une couronne d'or entre ſes deux oreilles d'âne ; près de lui quatre figures ſont dans l'étonnement ; plus loin on en voit deux autres auprès d'une groſſe pierre qui eſt déjà d'or ; dans l'éloignement on diſtingue encore quelques figures ſur différens plans. Ovale. Hauteur 13 pouces 8 lignes, larg. 10 p. 6 lignes. B.

GOUBEAU.

71 Un payſage, au milieu duquel s'éleve une grande

ruine d'Amphithéâtre, quatre Soldats assis à terre jouent aux cartes, un cinquieme debout les regarde; à droite on voit sur le premier plan, un militaire endormi à terre, la tête appuyée sur les genoux d'une vieille femme, vêtue d'un juste bleu & d'une jupe rouge, sa tête est coëffée d'un linge blanc qui lui retombe au bas des reins : on distingue encore deux soldats sur un plan éloigné. Haut. 13 pouces 6 lig., largeur 21 pouces 3 lignes. B.

BREKELEN-KAMP.

72 Une marchande de marée sur l'appui de sa boutique, dans laquelle on voit des poissons. Elle paroît en offrir à un passant : elle est coïffée d'une toque brune & habillée d'un juste rouge. Haut. 9 pouc., largeur 7 pouces. B.

A. F. VANDERMEULEN.

73 La vue d'un grand chemin sur lequel on voit passer au pied d'une monticule couverte d'arbres, un corps de Troupes, Cavaliers & Fantassins, une voiture de bagages les suit ; on voit encore dans le lointain sur différens plans, des voitures, des Cavaliers & d'autres figures à pied ; le paysage est très-ouvert, & borné par des montagnes qui se détachent sur un ciel très-chaud, dont les devans sont clairs & brillans, c'est une des jolies compositions de ce maître. Hauteur 5 pouces 5 lignes, largeur 6 pouces 4 lignes.

VANDER MÉER.

74 Deux Paysages à la pierre noire relevée de blanc, représentant des Ports de mer ornés de figures & de chaloupes; compositions riches à l'effet de nuit & clair de lune. Ces deux dessins capitaux portent de hauteur 13 pouces, largeur 18 pouces.

PAR LE MÊME.

75 Un Paysage, sur le devant duquel passe une Caravane. Ce tableau est d'un joli effet, & d'une touche fine & spirituelle. Hauteur 5 pouces 4 lignes, largeur 3 pouces 10 lignes.

GRYEF.

76 Deux Tableaux faisans pendans; ils représentent chacun le repos d'un chasseur accompagné de deux chiens, beaucoup de gibier est étendu à terre auprès d'eux; le fond est un paysage. Ces deux jolis tableaux sont d'une touche facile, & d'une bonne couleur. 5 pouces 9 lignes quarré. B.

A. MOOR.

77 Une composition de six figures d'hommes & de femmes dans l'intérieur d'un appartement, ils sont occupés à jouer de plusieurs instrumens. Ce tableau agréable, & d'un faire facile, est un des plus fins de ce maître. Hauteur 33 pouces, largeur 28 pouces. T.

BAUT & BODEWYNS.

77 *Bis.* Un Paysage très-étendu ; le devant est occupé par un grand chemin commandé par une monticule, d'où s'éleve un grand arbre ; on voit dans le chemin trois muletiers & leurs mulets ; près d'eux une femme & deux hommes conversant ensemble, ils sont accompagnés d'un petit garçon ; à gauche un terrein élevé orné de quelques bestiaux & de figures, conduit à des fabriques environnées de jeunes arbres, un lointain clair orné de figures, termine ce tableau qui est d'un très-bon faire. Hauteur 15 pouces 9 lignes, largeur 12 pouces. B.

VAN FALENS.

78 Deux Tableaux faisant pendans ; le premier représente deux chasseurs, l'un desquels à pied tient en lesse un chien, l'autre monté sur un cheval gris pommelé, tient un faucon sur le poing : le second tableau offre un jeune paysan monté sur un cheval blanc, auprès duquel passe une jeune paysanne portant sur sa tête un panier de légumes, les fonds sont des paysages clairs. Hauteur 9 pouces, largeur 6 pouces 9 lignes. C.

BISCAYE.

79 L'Intérieur d'une Chambre dans laquelle on voit sur le devant auprès d'une fenêtre une femme assise tenant un papier de sa main gauche, elle est vêtue d'un juste rouge, & d'une

juppe

juppe noire, la tête coëffée d'un linge, un chat est couché à ses pieds; dans un renfoncement à droite on distingue un lit dans une alcove; un fauteuil & une guitarre accrochée au mur. Hauteur 11 pouces, largeur 9 pouces 6 lignes. B.

PAR LE MÊME.

80 Un Philosophe portant une barbe blanche, la tête est coëffée d'une toque noire, il est vêtu d'une robe de même couleur garnie de fourrure, & porte sur sa poitrine une médaille d'or; on voit auprès de lui dans une niche une sabliere & une écritoire. Ce tableau dans le genre de Teniers, est d'un fini précieux. Hauteur 5 pouces 9 lignes, largeur 3 pouces 6 lignes. B.

E. DIETRICCI.

81 Un beau Paysage dans le style de Salvator Roza, représentant des masses de roches, sur l'une desquelles surmontée d'un grouppe de grands arbres, on voit deux soldats armés de casques & de cuirasses, & au bas dans un grand chemin qui traverse, l'on voit un homme assis.

Ce tableau d'une couleur fraiche, brillante & harmonieuse, est un des plus beaux, & des meilleurs ouvrages de cet habile peintre. Hauteur 28 pouces, largeur 23 pouces. T.

PAR LE MÊME.

82 Un Paysage dans le genre de Salvator Rosa; c'est une masse de rochers d'où s'élevent plusieurs

troncs d'arbres. Ce tableau largement fait, eſt d'un ton chaud. Hauteur 10 pouces 6 lignes, largeur 12 pouces 4 lignes. B.

PAR LE MEME.

83 Le Portrait d'un homme vu à mi-corps, dans la maniere de Rymbrants, il eſt habillé d'un manteau verd foncé, qui ne laiſſe voir que la main droite poſée ſur ſes genoux, ſa robe de deſſous eſt ornée ſur la poitrine d'une plaque d'or, & de pierreries, elle eſt liée d'une ceinture rouge garnie de poignards, la tête vue de face, & coëffée d'un chapeau rouge à bords repliés & découpés. Hauteur 11 pouces 8 lignes, largeur 9 pouces 6 lignes. T.

J. G. WAGENER.

84 Un Payſage d'un ſite montagneux; la droite eſt commandée par une montagne au haut de laquelle on apperçoit des fabriques; la gauche offre un troupeau de vaches & de moutons, conduit par un pâtre; le fond eſt un lointain très-clair. Hauteur 8 pouces 6 lignes, largeur 10 pouces 6 lignes.

LOUTHERBOURG.

84 *Bis.* L'Annonciation aux Bergers; compoſition de cinq figures que l'on voit à gauche ſur le premier plan; la principale vêtue d'une draperie rouge eſt debout les mains jointes, les yeux levés au ciel; deux autres ſaiſies de frayeur, ſont group-

pées à ses pieds, l'une à genoux, l'autre prosternée à terre; près d'elles on voit assis un vieillard portant barbe blanche, & une femme appuyée sur une genisse couchée; à droite des moutons dans un parc sont en désordre. Ce tableau est éclairé d'une gloire, qui annonce l'arrivée des Anges. Il réunit au mérite d'être du bon tems de ce maître, une harmonie parfaite & un effet très-piquant. Hauteur 14 pouc. 6 lignes, larg. 20 pouc. T.

URLAUB.

85 Deux Têtes de militaires faisant pendants, l'une desquelles est celle d'un vieillard portant barbe blanche. Ces deux tableaux sont peints avec vérité. Haut. 4 pouc. 6 lig., larg. 3 pouc. 10 lignes. B.

ÉCOLE FRANÇOISE.

LE NAIN.

86 Les quatre Evangélistes placés sur différents plans d'un peristile. Un Ange derriere Saint Jean paroît lui annoncer la venue du Saint Esprit, que l'on voit dans une gloire. Ce tableau d'un stile noble & historique, est hors de la maniere commune mais vraie, que ce peintre avoit adoptée. Hauteur 16 pouces 8 lignes, largeur 22 pouces. T.

JACQUES COURTOIS.

87 Deux petits Payſages ornés de figures, dans l'un deſquels on voit ſur le devant, une fuite en Egypte; ces jolis tableaux ovales en travers, portent de Hauteur 2 pouces 6 lignes, largeur 2 pouces 10 lignes. C.

POUSSIN.

88 Un Jeu d'Enfants, compoſition de cinq figures, ſur le devant d'un payſage. Ce tableau clair & d'une bonne couleur, eſt du bon faire de ce maître. Hauteur 28 pouces, largeur 22 pouces. T.

LE SUEUR

La Sainte Famille; compoſition de cinq figures vues à mi-corps. La Sainte Vierge eſt aſſiſe ſur le devant, habillée d'une robe rouge & d'une draperie bleue, elle tient ſur ſes genoux l'Enfant Jeſus, qui tend les bras vers une colombe qui s'envole; le petit Saint Jean dans les bras de Sainte Éliſabeth eſt dans la même attitude, Saint Joſeph vêtu d'une draperie orange, eſt appuyé ſur un livre, debout derriere la Vierge. Ce tableau d'une exécution précieuſe & d'une couleur harmonieuſe a toute la nobleſſe des belles compoſitions de le Sueur. Hauteur 11 pouces 3 lignes, largeur 15 pouces. T.

SÉBASTIEN BOURDON.

90 Une Bambochade, compoſition de ſept figures; c'eſt une halte de Soldats; on diſtingue auprès

d'eux une femme assise peignant un enfant qu'elle tient entre ses jambes. Hauteur 7 pouces, largeur 8 pouces 9 lignes. B.

DUMOUTIER ET AUTRES.

91 Deux Portraits, l'un desquels est celui de Daniel Dumoutier, peint par lui-même. Hauteur 5 pouc. 9 lignes, largeur 4 pouces 9 lignes. C. & B.

CALLOT.

92 L'Intérieur d'une Grotte : composition de treize figures; on y voit la Sainte Vierge mourante; elle est couchée sur un lit, environnée des Saintes Femmes & des Apôtres; le plus remarquable la soutient dans ses bras & recueille ses dernieres paroles, la lumiere vient d'une gloire. Haut. 2 pouc. 9 lig. larg. 23 lignes; *pierre de touche.*

GILLOT.

93 Un Paysage : on voit sur le devant un jeune Homme & une jeune Dame assise & conversant ensemble. 6 pouc. 9 lig. de diamêtre; collé sur bois.

WATTEAU.

94 L'Intérieur d'un Jardin, où l'on voit par le dos un jeune Homme un genou en terre aux pieds d'une jeune Fille, près d'eux quatre enfans sont grouppés en différentes attitudes. Haut. 7 pouc. 7 l. larg. 5 pouc. 10 lig. C.

J. B. GRIMOUX.

95 Le Buste d'une jeune Fille vue de trois quarts,

coëffée en cheveux & habillée à l'Espagnole. Cette Esquisse, spirituellement faite, est au premier coup. Hauteur 24 pouces, largeur 18 pouces.

H. LANCRET.

96 Deux Paysages; dans l'un on voit un jeune Homme assis à terre, jouant de la flûte pour apprendre à chanter à un oiseau qu'une jeune fille tient dans une cage; l'autre offre une femme couronnée de fleurs par un homme, auprès d'un bosquet. Haut. 10 pouc. 6 lig. larg. 14 pouc. C.

SUBLEYRAS.

97 La Magdelaine à genoux au pied de la Croix; elle est vue de profil, les mains jointes, la tête a le caractere de la douleur. Cette Esquisse, spirituellement faite, est d'une bonne couleur. Hauteur 24 pouces, largeur 18. T.

PAR LE MÊME.

98 Un Religieux en priere : il est à genoux vu de profil, la tête est coëffée d'une calotte brune; son habillement est une robe blanche couverte d'une dalmatique brune. Ce Tableau est bien peint. Hauteur 14 pouces 6 lignes, largeur 11 pouces 6. B.

F. BOUCHER.

99 L'Attelier d'un jeune Peintre, où il est vu de profil assis sur une escabelle devant son chevalet, sur lequel on voit un Paysage; la figure est réfléchie & paroît attentive à copier le sujet de son Ta-

bleau, différens accessoires sont répandus çà & là. Ce Tableau, de la plus grande vérité, joint à une composition spirituelle, une très-belle couleur. Hauteur 15 pouces 9 lignes, largeur 8 pouces. B.

BRIARD.

100 Vénus & l'Amour, dans les nues; la Déesse est nue assise, tenant la pomme d'or de la main gauche, le bras droit est appuyé sur une draperie rouge, au-dessus de laquelle paroît une colombe les ailes déployées : on voit à terre des roses & un vase d'or. Haut. 14 pouces 6 lig. larg. 11 pouc. 4 lignes. T.

F. HUTINS.

101 Deux Tableaux faisant pendans; l'un est une jeune Cuisiniere comptant sa dépense par ses doigts, dans un intérieur de cuisine où l'on voit différens accessoires & des légumes; l'autre représente un Vieillard assis dans l'intérieur d'une chambre rustique. Ces deux Tableaux, d'un mérite distingué, sont du bon faire de ce Maître. Hauteur 24 pouc. largeur 18. T.

L'ÉPICIÉ.

102 Une Tête de jeune Garçon vu presque de face, la tête est coëffée d'un bonnet gris. Ce petit Tableau est d'une touche facile. Hauteur 6 pouc. largeur 5 pouces 3 lignes. B.

LAGRÉNÉE LE JEUNE.

103 Deux Tableaux faisant pendans ; l'un représente l'Évangéliste Saint-Jean assis dans une campagne au pied d'un arbre ; il est vêtu d'une robe verte & d'une draperie rouge ; un livre est ouvert sur ses genoux ; un Ange porté sur un nuage, lui montrant le Ciel, semble lui parler de la part de Dieu. L'autre est la Tentation de Saint Antoine ; le Démon sous la forme d'une belle femme, vient détourner le Saint de ses méditations ; on le voit à genoux vêtu d'une robe brune & tenant un grand livre ; sa tête portant une barbe blanche, est de la plus grande expression, elle est de trois quarts vers la femme. Ces deux Tableaux joignent à une composition noble & savante, une très-belle exécution. Hauteur 16 pouces 6 lignes, largeur 12 pouces 6. B.

PAR LE MÊME.

104 Une Tête de Femme vue de profil ; elle est coëffée d'un turban jaune foncé, & vêtue d'une draperie rouge. Hauteur 3 pouces 6 lignes, largeur 3 pouces. B.

PAR LE MÊME.

105 Psyché abandonnée par l'Amour, peint sur ardoise. On connoît tout l'esprit des compositions de ce Maître. Hauteur 2 pouces 10 lignes, largeur 4 pouces 6.

DURAMEAU.

106 Une Paysanne assise, tenant un enfant endormi sur ses genoux; Esquisse. Hauteur 14 pouces 3 lignes, largeur 11 pouces 6. T.

ROBERT.

107 La vue de plusieurs Ruines d'Architecture; sur le premier plan près d'une fontaine surmontée d'une statue de bronze, quatre femmes sont occupées les unes à laver, d'autres à remplir des vases; quelques bas-reliefs & des débris de colonnes sont à terre au bas d'un mur de terrasse, orné d'une inscription & d'une statue de Sphinx mutilée, élevée sur un piédestal; la gauche offre sur un terrein élevé les restes d'un grand monument; des portiques formant des échappées de vue dans la campagne, & près desquelles on distingue un homme monté sur un cheval blanc, terminent ce Tableau, qui est d'une touche libre & spirituelle; un ciel pur & légérement nuagé éclaire cette jolie composition, qui est encore ornée dans l'éloignement de petites figures. Ovale en travers, hauteur 19 pouces 6 lignes, largeur 23 pouces 3 lignes.

PAR LE MEME.

108 Une jeune paysanne assise, la tête coëffée de linges qui cachent tout le haut de la figure jusqu'au-dessous des yeux. Elle est vêtue d'un corset ouvert & d'une juppe roussâtre; on voit à terre une

cruche & une terrine pleines d'eau, près d'un panier de linge; ce tableau est peint avec esprit. Ovale. Haut. 14 p. larg. 11 p. T.

DIFFÉRENS MAITRES.

109 Vingt tableaux par différens maîtres Italiens, Corneille Poelembourg, Téniers, & autres, qui seront divisés dans le cours des vacations.

DESSINS MONTÉS DE L'ÉCOLE D'ITALIE.

RAPHAEL D'URBINO.

110 Un Dessin fait à la plume, représentant la sépulture de Jésus-Christ; composition de sept figures. Ce dessin d'une plume fine, de la composition la plus noble, est très-précieux par la rareté des ouvrages de ce genre de ce grand maître. Hauteur 9 pouces 6 lignes, largeur 10 pouces 6 lignes.

DOMINICAIN.

111 Un sujet allégorique; composition de trois figures d'un beau style & pleine d'expression. Dessin fait à la plume & lavé au bistre sur papier blanc. Hauteur 10 pouces, largeur 13 pouces.

GUIDO RENI.

112 L'Annonciation à la Vierge. Composition de quatre figures. Ce dessin fait aux crayons noir & blanc, d'une composition noble & très-gracieuse, est d'une touche libre. Haut. 13 p 6 lign., larg. 11 p. 3 lign.

TITIEN.

113 La mort d'Adonis. Composition de trois figures ; Adonis est sur le devant, la tête appuyée sur les genoux de Vénus, que l'on voit de face ; des nymphes partagent la douleur de la déesse. Ce dessin à la plume & savant, est rempli d'expression & de chaleur. Hauteur 11 pouces 8 lignes, largeur 13 pouces 9 lignes.

LANFRANCO.

114 Un dessin à la plume, représentant un sujet de l'Histoire-Sainte ; composition de treize figures sous un péristile ; on voit au milieu Saint-Paul cherchant à rappeller à la vie un jeune homme étendu à terre. Hauteur 11 pouces 6 lignes, largeur 14 p. 6 lign.

PRIMATICE.

115 Un dessin, représentant la Charité humaine. Composition noble au crayon rouge relevée de blanc sur papier gris. Hauteur 7 pouces, largeur 9 pouces.

CARLE MARATTE.

116 Un dessin à la sanguine, sur papier blanc, représentant le repas du mauvais riche sous un grand portique d'architecture. Haut. 18 p. 6 l. larg. 20 p.

TINTORETTO.

117 Un deſſin à la plume, lavé à l'encre de la chine, repréſentant la réſurrection du Lazare; compoſition de dix-huit figures. Hauteur 10 pouces 6 lign. largeur 16 pouces 8 lignes.

ZUCCHARELLI.

118 Deux deſſins. L'un repréſente ſur le bord d'un ruiſſeau un pêcheur aſſis, & auprès de lui une femme portant une cruche ſur ſa tête, & tenant un enfant par la main; l'autre offre au bord d'une riviere un homme aſſis au bas d'une monticule, ſur laquelle on voit, par le dos, une femme montée ſur un cheval blanc; les fonds offrent des fabriques environnées d'arbres & des figures ſur différens plans. Les deſſins de ce maître ſont rares à trouver; ceux-ci ſont à l'eſtompe aux crayons noir & blanc, ſur papier bleu. Haut. 12 p. 9 lign. larg. 10 p. 6 l.

ROSALBA ET BOUCHER.

119 Deux têtes de jeunes filles au paſtel ſur papier bleu, toutes deux coëffées en cheveux. Hauteur 11 pouces 6 lignes, largeur 10 pouces.

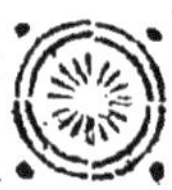

DESSINS MONTÉS

DE L'ÉCOLE FLAMANDE, &c.

COPIE DU TITIEN RETOUCHÉ PAR P. RUBENS.

120 La ſépulture de Jéſus-Chriſt ; compoſition de ſix figures en crayons rouge & noir. Hauteur 10 pouces ſix lignes, largeur 13 pouces.

ADRIEN OSTADE.

121 Deux deſſins à la plume coloriés, repréſentant des femmes aſſiſes. Haut. 5 p. 6 lign., larg. 4 p.

J. JORDAENS.

122 L'Adoration des Bergers. Ce deſſin colorié, & d'une riche compoſition, eſt un des beaux de ce maître. Hauteur 17 pouces, largeur 18 pouces.

JEANDE WIT.

123 Une Deſcente de Croix. On voit ſur le devant Jéſus-Chriſt ſoutenu par les Saintes-Femmes qui lui ôtent la couronne d'épines. Cette compoſition de ſept figures, qui tient de la maniere de Vandick est aux crayons noir & rouge, rehauſſé de blanc ſur papier gris. Hauteur 16 pouces, largeur 13 pouces.

E. DIETRICCI.

124 Un Payſage avec chaumieres, ſur le devant du-

quel est un chemin orné de figures. Ce dessin d'un effet piquant & d'une touche facile, est fait à la pierre noire sur papier blanc. Haut. 11 pouces 8 lignes, largeur 13 pouces 6 lignes.

P. J. DE LOUTHERBOURG.

125 Un Dessin aux crayons noir & blanc, sur papier bleu; représentant un homme & un enfant assis près d'un rocher, s'amusant à faire battre un bouc avec un chien; on y voit encore un bœuf & des moutons. Ce dessin bien terminé, est du bon temps de ce maître. Hauteur 11 pouces, largeur 16 pouces.

DESSINS

DE L'ÉCOLE FRANÇOISE.

J. STELLA.

126 Une grande composition d'un beau style, représentant Jesus-Christ guérissant les aveugles; on voit dans le haut des grouppes d'Anges sur un fond d'architecture & de paysage. Ce dessin sur papier bleu & à la plume, lavé à l'encre de la Chine, est réhaussé de blanc. Hauteur 18 pouces, largeur 22 pouces.

127 Quatre Portraits d'hommes, dessinés aux trois crayons, dont deux par *Dumoutier*.

EUSTACHE LE SUEUR.

128 Une très-belle étude d'une figure représentant Jesus-Christ guérissant les malades ; ce dessin aux crayons noir & blanc, est sur papier gris. Hauteur 12 pouces, largeur 7 pouces.

LAURENT DE LA HIRE.

129 Un beau Dessin. Le repos de la Ste Famille, composition de trois figures grouppées ; sur la gauche la Vierge tient l'Enfant Jesus sur ses genoux, sur le devant d'un paysage enrichi de ruines & fabriques ; ce dessin ceintré du haut, est à la pierre noire, lavé d'encre de la Chine, sur papier gris. Hauteur 15 pouces, largeur 10 pouces 6 lignes.

PAR LE MÊME.

130 Trois Dessins ; Sujets Sacrés, d'une composition riche, dont les pensées de ceux de Saint Etienne du Mont.

PAR LE MEME.

131 Une composition riche, représentant l'entrée de Jesus-Christ dans Jérusalem ; ce dessin spirituellement fait, & rempli d'ame & d'expression, est au crayon noir, réhaussé de bistre, sur papier blanc. Hauteur 13 pouces, largeur 10 pouces.

PH. DE CHAMPAGNE.

132 Un beau Dessin à la pierre noire, réhaussée de

blanc, sur papier gris, représentant Saint Paul parmi les Docteurs; cette belle composition de vingt-cinq figures, d'un beau caractere, & remplies d'expression, est une des belles productions de ce maître, & très-bien conservée. Hauteur 12 pouces, largeur 18 pouces.

LA BELLA.

133 Deux Dessins à la plume; l'un représente deux Chasseurs à pied, arrachant des chiens acharnés sur un sanglier abbattu auprès d'eux, un troisieme vu par devant est à cheval: dans l'autre on voit auprès d'un arbre deux Nymphes des bois, retenant des chiens qui cherchent à se lancer vers des cerfs, que l'on voit passer sur un plan éloigné; ces dessins d'une plume fine & spirituelle, sont du meilleur faire de *La Bella*. Hauteur 6 pouces 6 lignes, largeur 10 pouces.

PAR LE MEME.

134 Deux Dessins à la plume; l'un offre la vue d'une grande riviere, dont le rivage est couvert d'arbres; l'autre est une composition de neuf figures, représentant des guerriers à cheval & d'autres à pieds; ces dessins faits à la plume, sont pleins d'esprit. Hauteur 5 pouces 6 lignes, largeur 9 pouces.

LA FAGE.

135 Le Serpent d'airain, composition riche de onze figures

figures faite à la plume & au bistre, sur papier blanc. Hauteur 11 pouces, largeur 16 pouces.

GILLOT.

136 Une danse & fête de Satyres, dessin à la sanguine, sur papier blanc. Hauteur 6 pouces, largeur 10 pouces.

CAZE.

137 La Nativité; dessin à la plume réhaussé de blanc, & lavé au bistre, sur papier gris, ceintré du haut; cette riche composition paroît être des plus capitales de ce maître. Hauteur 20 pouces, largeur 14 pouces 6 lignes.

EDME BOUCHARDON.

138 Un Dessin ceintré, représentant une Étude pour un tombeau, composition de trois figures sur papier blanc. Haut. 15 pouces 6 lig. larg. 8 pouces.

CARLO VANLOO.

139 La Présentation au Temple : on voit dans le haut deux Anges précédés de trois Chérubins, les fonds offrent une belle Architecture. Ce Dessin, à la pierre noire rehaussée de blanc sur papier gris, est une des belles compositions de ce Maître. Hauteur 34 pouces, largeur 13.

F. BOUCHER.

140 Un charmant Dessin, représentant Junon qui vient prier Éole de déchaîner les vents. Ce Dieu est vu auprès d'un rocher dont il ouvre l'entrée,

les vents en sortent avec impétuosité. Cette composition à la plume est lavée à l'encre de la Chine sur papier blanc. Haut. 8 pouces, larg. 13.

PAR LE MÊME.

141 La Sainte Vierge vue à mi-corps, tenant l'Enfant Jesus debout sur ses genoux, auprès d'elle est encore une femme. Dessin à la plume lavé à l'encre de la Chine. Hauteur 11 pouces 6 lignes, largeur 8 pouces 6.

C. NATOIRE.

142 Un Dessin colorié, forme d'éventail, c'est la vue d'un jardin orné de treillages sur le devant d'un bassin, & de figures représentant des amusemens champêtres. Haut. 5 pouces, larg. 18.

J. B. LE PRINCE.

143 La vue d'un Paysage : les devants sont ornés de deux figures, dont une jeune femme & un homme, conduisant un troupeau de moutons dans un chemin : la droite présente un pont & des masses d'arbres ; la gauche offre des lointains. Ce joli dessin est à la pierre noire sur papier blanc. Haut. 9 pouces 6 lignes, larg. 13 pouces.

LAGRÉNÉE LE JEUNE.

144 Un Dessin à la plume & colorié ; composition de trois figures, représentant l'Abondance, le fond offre des masses de paysages. Ce dessin est d'un effet piquant & d'une composition agréable. Hauteur 20 pouces, largeur 14.

PAR LE MÊME.

145 Une Compoſition allégorique. Ce ſont les Anges qui apportent des palmes aux meres des Innocens dont ils emportent les corps dans le Ciel. Deſſin au biſtre rehauſſé de blanc. C'eſt un des beaux de ce Maître. Haut. 22 pouces, largeur 15.

PAR LE MÊME.

146 Une riche compoſition repréſentant l'Adoration des Rois. Ce deſſin à la plume & au biſtre ſur papier blanc, eſt une des belles productions de cet Artiſte. Haut. 22 pouces, larg. 16;

PAR LE MÊME.

147 Agar dans le déſert : compoſition de trois figures vues à mi-corps ; elle tient ſon enfant ſur ſes genoux, l'Ange lui montre du doigt la ſource où elle doit ſe déſaltérer. Ce deſſin au crayon rouge très-correct, eſt d'une grande nobleſſe de compoſition. Haut. 11 pouces 6 lig. larg. 14 pouces 6.

PAR LE MÊME.

148 Le Triomphe d'Amphytrite; compoſition agréable, à la plume & au biſtre ſur papier blanc, Haut. 6 pouces 6 lignes, largeur 17 pouces 6.

PAR LE MÊME.

149 Un deſſin forme de friſe, repréſentant l'Adminiſtration de Joſeph : cette belle compoſition eſt à la plume & au biſtre ſur papier blanc. Hauteur 5 pouces, largeur 18.

M. FRAGONARD.

150 La vue d'un Jardin pittoresque, vue d'Italie, orné de figures & traversé de deux colonnes isolées placées sur le devant. Ce dessin au crayon rouge & mêlé de bistre est sur papier blanc. Hauteur 12 pouces, largeur 17.

Madame FRAGONARD.

151 Une très-jolie petite Tête d'enfant peinte en mignature. 18 lignes de diamêtre.

DESSINS MONTÉS

DE DIFFÉRENS MAITRES

DES TROIS ÉCOLES.

152 Trois Dessins : une composition allégorique de cinq figures, sujet de la Fable, dessin à la pierre noire sur papier blanc, par M. *Cochin*; une composition grotesque de trois poissardes en querelle, appaisées par un capucin, dessin à la plume lavé à l'encre de la Chine, par *Jeaurat*; & un sujet antique, paroissant représenter le lever d'une mariée, dessin au crayon rouge sur papier blanc. par *Roëttier*.

IDEM.

153 Quatre Dessins, dont l'un est l'Agonie de Jesus-

Chriſt dans le jardin des Olives, un Ange eſt près de lui, deſſin à la plume, par *la Fage;* un Guerrier Romain monté à cheval, deſſin à la plume lavé de biſtre, par *la Rue;* une compoſition de deux figures, homme & femme, deſſin au crayon noir relevé de blanc, par *Carle Coſſi;* deux Têtes de Vieillard, deſſins au crayon noir, par *le Sueur.*

IDEM.

154 Cinq Deſſins, dont un trait à la plume, repréſentant Moyſe ſauvé des eaux, *du Pouſſin;* des Soldats fuyant du combat, deſſin à la plume lavé à l'encre de la Chine, par *la Belle;* des Canoniers, par *Callot*, deſſin à la plume; une Vierge portant dans ſes bras l'Enfant Jeſus, deſſin au crayon rouge ſur papier blanc, par *le Guerchin;* la Femme adultère, compoſition d'onze figures, deſſin à l'encre lavé de biſtre, par *le Parmeſan*, & un Officier vu par le dos, deſſin au crayon rouge, par *F. Vandermeulen.*

IDEM.

154 *bis.* Cinq Deſſins, dont une Vierge, par *le Correge;* un Vieillard, par *Ottovénius*, & trois autres, par différens maîtres.

IDEM.

155 Cinq Deſſins, dont un Payſage, par *Van Uden*, deſſin à la plume colorié; un Saint Jérôme, à la plume, par *Mola;* l'Amour jouant avec Vénus, accompagnée d'une Nymphe, deſſin à la pierre

noire, par *Natoire*; un Vieillard tenant dans ses mains une cruche, dessin à la plume & à l'estampe, par *D. Ryckaert*; la Vierge & l'Enfant Jesus, dessin à la plume & lavé de bistré, par *Rottenhamer*.

IDEM.

156 Cinq Dessins, dont une cariatide de femme, portant sur un chapiteau Corynthien deux Femmes assises, les mains liées derriere le dos, dessin à la plume. Autre au crayon rouge représentant une Femme portant un vase, & un trait à la plume, composition de quatre femmes sur papier blanc, par *le Parmezan*; un jeu de petits amours, composition de six figures à la plume lavée à l'encre de la Chine, par *le Poussin*; Saint François recevant de la Vierge l'Enfant Jesus, dessin à la plume & au bistre, par *Augustin Carrache*.

IDEM.

157 Quatre Dessins, dont une Marine, par *van Goyen*, au crayon noir sur papier blanc; un Homme assis sur une escabelle, dessin à la plume lavé de bistre; un Vieillard endormi dans l'intérieur d'une chambre, dessin à la plume & au bistre, par *Rembrants*; & le Serpent d'Airain, composition riche, au crayon noir sur papier blanc, par *Bartholomé*.

IDEM.

158 Cinq dessins, dont une tête à la plume sur papier blanc, par *Leguide*; une petite tête de Christ sur papier gris, aux crayons noir & blanc, par *Le*.

ſueur ; un portrait du regne de Louis XIV, au crayon noir ſur papier blanc, par *S. Bourdon*, & deux femmes vêtues en domino aux crayons noir & rouge, ſur papier blanc, par *Watteau*.

IDEM.

159 Cinq deſſins. La crêche, compoſition de quatre figures, deſſin à la plume, lavé de biſtre, par *Zuccharo ;* des fabriques dans un payſage, dont les devans offrent un pâtre conduiſant des moutons, deſſin à l'encre de la chine, par *Bartholomé Bréemberg ;* une étude de femme à genoux, deſſin au crayon noir & lavé de blanc, par *Vouet ;* l'étude d'une figure en l'air, deſſin à la plume & à l'encre de la chine, par *Laſage*.

IDEM.

160 Trois deſſins, l'un à la plume, & lavé à l'encre de la chine, repréſentant un repos en Égypte ; on voit un ange aux genoux de la Vierge, aſſiſe & tenant l'Enfant-Jéſus ; Saint-Jean ſe voit près d'eux ; le fond offre un payſage orné de ruines d'architecture, par *Mole ;* la Communion, deſſin à la plume, & lavé à l'encre de la chine, par *Carle Maratte*, & une tête de jeune fille aux crayons rouge & blanc, par *Roëttier*.

IDEM.

161 Six deſſins au crayon rouge, repréſentant Jéſus-Chriſt & Saint-Pierre, par *Carle Maratte ;* un port de mer où l'on voit des vaiſſeaux en rade ; le rivage

eſt eſcarpé, deſſin à la plume, par *la Belle*; un payſage au paſtel, on voit aſſis près d'une fontaine une femme portant un enfant, par *Lahire*; une tête de vieillard dans la maniere de Rymbrants, deſſin à la plume, par *Reiffenſtein*; deux payſages avec fabriques & riviere, ornés de figures; deſſins faits à la pierre noire & relevée de blanc, par *Desfriches*.

Idem.

162 Trois deſſins. La Sainte Vierge tenant l'Enfant-Jéſus; deſſin à la pierre noire ſur ſatin blanc, par *Lahire*; un repos en Égypte, au crayon rouge ſur papier blanc, par *Natoire*; le paſſage d'un voiturier dans la forêt de Fondy, conduiſant les penſionnaires du Roi; deſſin, effet de lune, à l'encre de la chine ſur papier blanc, par M. *Doyen*.

163 Pluſieurs deſſins, académies, & autres montés ſous verre.

DESSINS EN FEUILLES DE DIFFÉRENTES ÉCOLES.

164 Vingt deſſins, par *Corneille*, d'après ceux du *Parmeſan*, du *Titien*, des *Carraches*, & de *François Mola*.

165 Sept deſſins, par *Baroche*, *Titien*, *Salvator*, & autres.

166 Dix-neuf dessins par différens bons maitres Italiens.

167 Soixante & un dessins, par *le Parmesan*, *Both*, & autres.

168 Douze dessins, par *Rembrants*, & d'autres maîtres dans sa maniere.

169 Quarante-quatre dessins de *Lahire*, sujets de la Jérusulem délivrée.

170 Vingt-deux dessins, sujets profanes, par *Lahire*.

171 Quarante-sept dessins, sujets sacrés, par *Lahire*.

172 Quarante-cinq Dessins *De La Hire*.

173 Douze Dessins par *le méme*.

174 Six Dessins par *De la Belle*.

175 Vingt-cinq Dessins par *le méme*.

176 Vingt-cinq Dessins François par *Vassé*, *Roettier*, *Devailly*, *Natoire*, *Santerre & autres*.

177 Deux Dessins par *Colombel & Verdier*.

178 Un Volume de trois cens soixante neuf Dessins, par différens Maîtres des trois écoles.

179 Un Volume de deux cens cinquante-huit Dessins, par différens Maîtres des trois écoles.

180 Un Volume contenant huit cens huit Estampes, par *Stefano*, *De La Belle*, dont plusieurs pieces fort rares, savoir, le Reposoir, la vue du Pont-Neuf, la Bataille des Morts, & autres très-intéressantes.

TERRES CUITES, PORCELAINES,

MÉDAILLES ET AUTRES CURIOSITÉS,

PLOMBS, MARBRES, BRONZES.

CLODION.

181 Un Vaſe en terre cuite, ayant pour ſupports deux femmes nues, vues par le dos, la panſe eſt ornée de guirlandes entrelacées d'enfans. Hauteur 13 pouces 6 lignes.

MASSON.

182 Un Vaſe en terre cuite, de forme allongée, ſurmonté de deux Nymphes des bois à pieds de faunes, preſſant des raiſins dans le vaſe, dont la panſe eſt ornée d'un bas relief doux, repréſentant une danſe en l'honneur de Pan. Hauteur 15 pouces 6 lignes.

TERRE CUITE.

183 Deux Enfants dans le genre de François Flamand. Hauteur 3 pouces 4 lignes.

SALLY.

184 Une figure en plomb, repréſentant l'Amour tenant une flèche & appuyé ſur un tronc d'arbre d'où pend ſon carquois. Hauteur 5 pieds.

Le Moyne.

185 Une figure en plomb; c'est l'étude sous la figure d'un Homme assis, tenant un livre ouvert, des accessoires relatifs aux arts sont à ses pieds. Hauteur 22 pouces.

Marbre.

186 Une Erigone en marbre blanc, elle presse dans sa main droite une grappe de raisin, & tient un vase dans la gauche. Hauteur 15 pouces 6 lignes.

Idem.

187 Un Enfant en marbre blanc, il est assis tenant d'une main une conque dans laquelle il souffle, & de l'autre un masque. Hauteur 22 pouces.

Idem.

188 Un Buste de Moliere en marbre blanc, la tête est couronnée de lierre. Hauteur 22 pouces.

189 Deux Vases de granit d'une forme allongée, avec des couvercles surmontés d'une pomme de pin. Hauteur 3 pieds.

Granit Rouge.

190 Deux Vases forme de cassolette. Hauteur 12 pouces 6 lignes, largeur 10 pouces.

191 Deux Socles de granit rose. Hauteur 7 pouces largeur 16 pouces.

192 Deux Fûts de colonne de porphire vert. Hauteur 20 pouces.

183 Un Fût de colonne & son socle de marbre d'Italie. Hauteur ensemble 25 pouces 6 lignes.

MARBRE.

194 Deux Balustres en marbre blanc, servant de gaines. Hauteur 25 pouces.

BRONZE.

195 Un Mezetin, à ses pieds on voit deux singes. Hauteur 18 pouces.

IDEM.

196 Un Neptune en Bronze du tems des Médicis, on voit à ses pieds un cheval marin. Haut. 20 pouc.

PORCELAINE DE LA CHINE.

197 Une bouteille bleue avec son couvercle garni de cuivre doré sur plateau bleu large de 10 pouces. Hauteur de la bouteille 13 pouces 6 lignes.

IDEM.

198 Deux Magots bleus debout, la tête couronnée de fleurs; ils sont montés sur des pieds en cuivre doré. Hauteur 8 pouces.

IDEM.

199 Deux Singes verts; ils sont assis & tiennent dans leurs mains des fruits; la tête est surmontée d'une fleur faisant le couvercle enlacé de six chaînes en cuivre doré. Hauteur 8 pouces 6 lig.

200 Trois Boëtes d'écaille à cercles d'or, dont deux ornées de contrépreuves, de Bouchardon,

d'après le Parmesan; sur la troisieme, on voit un croquis au bistre, par Rembrants.

201 Une Boëte d'écaille à cercle d'or enrichi du portrait de Louis XIV, peint en émail par *Châtillon*.

Un Portrait d'homme par *le même*, dans une bordure de cuivre.

202 Une Boëte par *Martin*, imitant le vieux laque, à gorge & charniere d'or.

Deux Portraits en Miniature.

203 Deux petites Chevres dans des bordures de cuivre; & un Christ gravé en relief sur jaspe sanguin, entouré d'une petite bordure en argent.

204 Un petit Meuble à neuf tiroirs, dont plusieurs garnis de morceaux d'agate, de jaspe, de calcédoine, de cristaux de roche, & autres pierres figurées & accidentées, ainsi qu'une petite collection de pierres fines & fausses contenues dans des verres.

205 Un Médailler contenant douze Médailles en or, dont celles de *Néron*, *Julia Pia Constantia*, avec le revers d'une victoire, deux d'*Antinoüs*, une *de Marc Aurele*, &c. Six cens quinze Médailles en argent, dont une petite partie de Billion; sept cens soixante Médailles en bronze, dont cent quatre-vingt-quatorze grandes; plusieurs de ces Médailles sont fort rares; & vingt-trois autres

grandes en bronze & en étaim. Ces articles ſeront diviſés par lots, s'il ne ſe trouve pas d'acquéreur pour la totalité.

Douze Médailles en argent, de l'Ordre de Saint-Michel.

206 Pluſieurs Catalogues de différentes ventes de Tableaux avec les prix; la vie des Peintres, par *Deſcamps*, pluſieurs volumes d'Eſtampes, contenant les portraits des Papes; la Cité d'Urbain; le grand Cabinet Romain; Annales de France; Deſcriptions Romaines; un Recueil par *Bloemaert*; la Colonne Trajanne; un Recueil de Portraits des Hommes illuſtres, pluſieurs Fontaines de Rome. Tous ces objets ſeront diviſés dans le cours des vacations.

207 Pluſieurs Objets de différens genres, qui ſeront détaillés dans le cours des vacations.

TABLEAUX

DE DIFFÉRENTES ÉCOLES.

LANFRANC.

208 Un Tableau, repréſentant l'Aſcenſion de Jeſus-Chriſt; compoſition de ſix figures, eſquiſſe terminée, & d'une bonne couleur. Hauteur 21 pouces, largeur 14 pouces T.

GAUFFREDI.

209 Un Paysage représentant l'intérieur d'une cour; on voit auprès des murs, & sur différents plans un homme & une femme; une piece d'eau dans laquelle on voit des canards, occupe le devant du tableau, qui vient de la vente de Monseigneur Prince Conty, n°. 886. Hauteur 7 pouces 6 lig., largeur 10 pouces 3 lignes. C.

PHILIPPE LAURI.

210 Vénus & Adonis sur le devant d'un paysage; ce tableau de forme hexagone, est d'une couleur brillante, & agréable de composition. 9 pouces de diamêtre. B.

ROSE D'ITALIE.

211 Un tableau représentant la Vue d'une Campagne d'Italie; sur le devant on voit un pâtre gardant son troupeau. Hauteur 34 pouces; largeur 26 pouces. T.

LUCATELLY.

212 Un Tableau rond, représentant un Paysage & Fabrique, orné de plusieurs figures & animaux sur différents plans; ce morceau riche de composition, offre des détails intéressans. Diamêtre de 35 pouces. T.

HORIZONTI.

213 Un Paysage d'un site pittoresque vue d'Italie;

enrichi de fabriques & monumens : on diſtingue ſur les devants cinq figures principales, auprès d'un troupeau de chevres, l'on en voit deux qui luttent, pluſieurs figures ſont diſtribuées ſur les plans éloignés. Hauteur 32 pouces, largeur 45 pouces. T.

PAUL PANINI.

214 Sept Figures groupées près de différents fragments d'architectures, parmi leſquels on remarque un bas relief antique; ce tableau qui eſt du bon faire de ce maître, eſt facilement peint. Hauteur 11 pouces, largeur 10 pouces & demi T.

BREUGHEL & VANKESSEL.

215 Un joli Payſage orné d'une riviere, & ſur le devant d'un grand arbre, ſur les branches duquel ſont raſſemblés differens oiſeaux. Hauteur 5 pouc., largeur 7 pouces. C.

J. VANGOYEN.

216 Une vue de Mer, où l'on voit ſur le devant une barque de pêcheurs à la voile ; à quelque diſtance une tour iſolée ; le fond eſt terminé par l'indice d'une ville & des maſſes de payſage. Ce tableau eſt d'une touche fine & tranſparente. Hauteur 14 pouces, largeur 21 pouces. B.

PAR LE MÊME.

217 La Vue d'une Campagne, ornée ſur le devant d'une haye qui conduit ſur la droite, & auprès de laquelle

laquelle on voit une figure. Un grouppe de beaux arbres occupe encore les derrieres de la haye. Hauteur 10 pouces, largeur 14 pouces. B.

FRANKALS.

218 Le Portrait d'un homme portant moustaches. Il est assis & vu jusqu'aux genoux, habillé d'une soutanne noire; son manteau, qui revient par-devant, couvre ses genoux; il tient son chapeau de la main gauche, & porte la droite sur sa poitrine; la tête est couverte d'une calotte noire & coëffée de cheveux blancs très-courts. Ce Tableau, d'une touche savante & de la plus grande vérité, est un des meilleurs ouvrages de ce Maître. Hauteur 9 pouces 6 lignes, largeur 12 pouces 6. B.

PAR LE MÊME.

219 Une Tête d'Homme d'un beau caractere, vûe de trois quarts, coëffée en cheveux, portant moustaches, ayant une fraise au col; il est ajusté d'une robe & ceinture noire; la main droite est appuyée sur le côté, & la gauche contre sa poitrine. Ce Tableau, d'une touche large & facile, est du plus beau faire de ce Maître. Hauteur 7 pouces, largeur 5. C.

DAVID TENIERS.

220 Une Tête d'Homme vue de trois quarts; elle est coëffée d'un chapeau à plumes rouges, les épaules couvertes d'un manteau. Ce Tableau d'une

touche ferme, est d'une bonne couleur. Haut. 5 pouces, larg. 4. B.

C. POELEMBOURG.

221 Un Tableau, paysage & fabriques, orné de figures & animaux; on remarque sur le devant l'Ange conduisant Tobie. Hauteur 9 pouces, largeur 12. B.

PETER NÉEFS.

222 Un Tableau représentant l'intérieur d'une Église, orné sur le devant de neuf figures par Franck. Haut. 10 pouces, larg. 14. B.

ATTRIBUÉS A BARTHOLOMÉ.

223 Deux Paysages faisant pendans, dans lesquels on voit quelques figures & animaux; des masses de rochers surmontés d'arbres & de fabriques, rendent les sites très-pittoresques. Hauteur 7 pouces 6 lignes, largeur 16 pouces 6.

VAN BALEN.

224 Un Paysage sur le devant duquel on voit l'Enfant Jesus accompagné de six Anges, qui s'empressent à le divertir. Haut. 7 pouces 6 lig., largeur 10 pouces 9. C.

ÉCOLE DE REMBRANTS.

225 Une Tête d'Homme vue de face, éclairée de trois quarts, portant barbe & moustaches, ayant une fraise blanche au col; il est vêtu d'un man-

teau. Ce Tableau d'un faire large & facile, est d'une grande vérité. Haut. 21 pouces, larg. 16. B.

FERDINAND BOL.

226 Aman confondu devant Assuerus & Esther, peint sur toile. Hauteur 46 pouces, largeur 60.

P. DE KONING.

227 Un Paysage, vue de Flandre, richement orné sur différens plans; les devants présentent un grand chemin, sur lequel on voit quelques figures d'un effet piquant. Haut. 11 pouces, larg. 15. B.

MICHEL COXIS ET FYT.

228 Une composition de trois figures, dont deux Femmes & un Chasseur dans un paysage, sur le devant duquel sont plusieurs animaux par Fyt. Ce Tableau d'une belle couleur est d'une grande vérité. Haut. 6 pieds 6 pouces, larg. 5 pieds 3. T.

BACKHUYSEN.

229 Une Marine. La mer est couverte de vagues; on y voit trois chaloupes à la voile, qui s'efforcent de rentrer dans le port aux approches d'un orage, le ciel est bientôt entiérement obscurci, un seul rayon de soleil frappe vivement sur la droite du Tableau, & fait détacher en vigueur sur les devants la principale chaloupe; dans l'éloignement on distingue le rivage orné de quelques fabriques; plusieurs bâtimens sont en rade. Ce Tableau, de l'effet le plus piquant & d'une grande vigueur, est du

meilleur tems de ce Maître. Hauteur 26 pouces 8 lignes, largeur 52 pouces.

C. SCHUT.

230 La Toilette de Vénus; composition de onze figures. La Déesse est assise sur une monticule au bord de la mer, trois Nymphes l'environnent, l'une d'elles lace ses brodequins, une autre orne ses cheveux de perles que lui présentent des petits Amours, qu'une troisieme Nymphe prend dans un vase d'or; deux Amours portent dans l'air le miroir; on voit encore sur la mer un Dauphin monté par un Amour & amené à terre par un autre, qui le tient lié par des rubans. Le lointain est une pleine mer. Hauteur 5 pouces 10 lignes, largeur 8 pouces. C.

A. OSTADE.

231 Deux petits Tableaux ronds, représentant deux Têtes d'Hommes faisant pendans; ils sont d'une bonne couleur & d'une touche fraîche. Diamêtre trois pouces & demi. B.

PAR LE MÊME.

232 Un Tableau représentant un homme vu à mi-corps & tenant une cruche des deux mains. Hauteur 10 pouces, largeur 9. B.

ISAAC OSTADE.

233 Une Fête de Village; on y compte environ cinquante figures. Sur le premier plan à droite, on

voit auprès d'un grand arbre le principal grouppe, c'est une charette attelée d'un cheval monté par un homme, une vieille femme un enfant sur le dos & un petit garçon sont auprès; la droite offre, près d'un village, différens grouppes de paysans, les uns sont à table, d'autres dansent, beaucoup d'enfans sont dispersés sur différens plans. Un ciel nuageux termine ce Tableau. Hauteur 16 pouces, largeur 21 pouces. B.

J. RUISDAEL.

234 Un Paysage représentant une Forêt, traversée d'une mare d'eau; une percée dans le bois laisse découvrir des lointains qui terminent ce Tableau; les masses s'y détachent sur un beau ciel, & l'effet en est mistérieux & piquant. Hauteur 20 pouces, largeur 25. T.

PAR LE MÊME.

234 *Bis.* Un charmant Tableau, Paysage où l'on voit un moulin à vent & des chaumieres, à la porte d'une desquelles sont deux figures près d'une haie baignée par une riviere qui passe sur le devant. Ce morceau fin & piquant offre un ciel bien nuagé. Hauteur 12 pouces, largeur. 13. B.

HOBÉMA.

235 La vue d'une Campagne, dont la droite est ornée de masses d'arbres & chaumieres, près d'un chemin dans lequel on voit deux figures; plus loin sur la gauche passe une riviere, au bord de la-

quelle ſont des pêcheurs. Le fond eſt terminé par l'indice d'un village. Haut. 12 pouces, larg. 22. B.

HUGTEMBURG.

236 Un Tableau repréſentant la vue d'un Camp; on voit ſur la droite pluſieurs cavaliers & autre ſoldats à pied, l'un d'eux embraſſe une femme près d'une tente de vivandiere; la gauche offre un défilé de troupes, des lointains terminent ce Tableau, qui eſt un des plus fins de ce Maitre Hauteur 17 pouces, largeur 23. T.

VAN DER DOES.

237 Un Payſage éclairé au ſoleil couchant; on voit ſur le devant, dans un grand chemin qui paſſe auprès d'une fontaine ornée de débris & de bas-reliefs d'arcades, un troupeau de moutons & de chévres conduit par un jeune berger; les devants ſont ornés de roſeaux & de belles plantes. Ce Tableau qui eſt du plus beau ton de couleur, eſt précieuſement fait & l'un des plus beaux de ce maître. Hauteur 11 pouces 9 lignes, largeur 14 pouces 3. T.

D. VERTANGEN.

238 Un Payſage au clair de la lune; ſur le premier plan eſt un chemin dominé par une pointe de rocher, environnée d'arbriſſeaux & de débris d'Architecture, parmi leſquels on remarque un bas-relief d'enfans; on y voit ſur le devant Thisbé un flambeau à la main, qui fuit à l'aſpect du Lyon qui tient déjà ſon voile; elle eſt vêtue d'une

robe bleue qui lui couvre les reins & laisse la poitrine découverte, une draperie rouge qui n'est plus retenue que par le bras droit, voltige au gré de l'air ; on apperçoit dans une plaine éloignée une fontaine surmontée de deux statues qui versent de l'eau ; le lointain est formé par des montagnes. Ce sujet très-intéressant nous paroît exécuté d'une maniere neuve, & dans une situation très-piquante, le dessin, l'harmonie, & la finesse du pinceau, doivent faire regarder ce Tableau comme un des plus parfaits de ce Maître. Haut. 9 pouces 6 lig., larg. 12 pouces. B.

G. METZU.

239 L'intérieur d'une Cuisine, dans laquelle on voit à droite & de profil une jeune Cuisiniere habillée d'un juste rouge, écaillant un poisson tandis qu'un petit garçon assis arrose un roti qui est à la broche ; plusieurs poissons dans une manne, & différens accessoires de cuisine sont répandus à terre ; une porte ouverte à gauche laisse appercevoir un appartement ; où l'on voit une jeune fille assise les yeux baissés sur son ouvrage, tandis qu'un homme debout, dans la demi-teinte, la considere. Ce Tableau vient de la collection de Monseigneur le Prince de Conti, sous le n°. 333. Hauteur 22 pouces, largeur 18.

SCHALKEN.

240 Un Tableau effet de lumiere, représentant un

Homme près d'une table, sur laquelle sont différens accessoires, il est occupé à lire une lettre, & à fumer. Hauteur 11 pouces, largeur 9 pouces.

A. PINACKER.

241 Un Tableau d'un ton chaud & piquant, représentant une Forêt ornée de figures par M. *La Grenée* le jeune, elles sont occupées à poursuivre un cerf. Hauteur 10 pouces, largeur 13 pouces. B.

PH. WOUWERMANS.

242 Jesus-Christ parmi les Docteurs; cette composition de vingt-une figures, joint à sa richesse qui harmonie piquante, & un ton vigoureux. Hauteur 19 pouces, largeur 24 pouces. T.

J. ASSELYN.

243 Un Paysage; on voit sur la droite un grouppe de Cavaliers conversant avec un bucheron, qui mene un âne chargé de fagots; la gauche offre une fontaine, où l'on voit un homme & un chien, une grande étendue d'eau qui sort d'une source, occupe les devants, quelques figures sont distribuées sur les plans éloignés de ce tableau, qu est terminé par une chaîne de montagnes. Hauteur 18 pouces, largeur 23 pouces. T.

J. B. WENINX.

244 La vue d'une Place publique enrichie de monumens & ruines d'architecture, & ornée de plusieurs grouppes de figures, représentant un dépar

pour la chasse; ce tableau d'un bel effet, & d'une composition agréable est au premier coup. Hauteur 44 pouces, largeur 63 pouces. T.

C. BEGA.

245 Un Tableau, composition de six figures d'hommes assis & grouppés sur le devant d'un intérieur de chambre rustique, ils sont occupés à boire & à jouer aux cartes. Hauteur 14 pouces, largeur 11 pouces. T.

A. F. VANDER MEULEN.

246 Deux petits Paysages & figures faisant pendans; l'un représente dans un grand chemin un repos de Cavaliers occupés à se rafraîchir à la porte d'une hôtellerie; l'autre offre une Bataille à l'entrée d'un bois; ces deux tableaux d'une composition riche, claire & brillante, sont des plus fins de ce maître. Hauteur 5 pouces, largeur 7 pouces. B.

E. DE WITTOS.

247 Un Tableau imitant un bas relief en bois, composition de huit figures représentant l'Amour des Arts; ce morceau très-bien exécuté, est parfaitement rendu & fait illusion. Hauteur 26 pouces, largeur 51 pouces. T.

J. SANDRART.

248 Le portrait d'une jeune femme vue à mi-corps, coëffée en cheveux, elle tient dans ses mains une

couronne de laurier, & est ajustée d'une chemise à collet, & d'une robe cramoisie à manches courtes; ce tableau spirituellement peint, est d'une couleur brillante & d'une touche fine: on connoît la rareté des ouvrages de ce maître. Hauteur 38 pouces, largeur 24 pouces. T.

J. SPROENK.

249 Une belle Tête d'Homme vue de trois quarts, coëffée d'un grand chapeau noir, le col garni d'un rabat blanc, il est vêtu d'un manteau, & tient un gand de la main gauche; ce morceau d'une touche large & facile, est d'une bonne couleur. Hauteur 30 pouces, largeur 24 pouces. T.

DE WLIEGER.

250 Une Marine ornée sur le devant d'une terrasse, au bord de laquelle on voit une barque de pêcheurs, & quelques bateaux chargés de figures; dans l'éloignement plusieurs vaisseaux & barques en pleine mer sont à la voile; ce tableau d'un ton chaud, est d'un effet piquant. Hauteur 12 pouces, largeur 13 pouces. B.

WILDENS.

251 L'Hiver. La campagne est couverte de neige; la droite du tableau offre une ruine de fabriques; & la gauche est ornée de grands arbres: onze figures sont placées sur différens plans, les plus remarquables sont deux Cavaliers en manteau

rouge, accompagnés d'un homme à pied, suivi d'un chien. Hauteur 31 pouc., largeur 48 pouc. T.

CLOMP.

252 La vue d'une Prairie, sur le devant de laquelle on voit auprès d'une barriere de bois élevée contre des arbres, un homme & une femme assis gardant un troupeau de deux vaches & cinq moutons, près d'eux un âne est couché à terre; on distingue encore dans le lointain, des figures & des animaux Hauteur 15 pouces, largeur 18 pouces. T.

STORCK.

253 Deux Tableaux faisant pendans; représentans des Marines, vues d'Hollande, ornées de vaisseaux & de figures. Hauteur 30 pouces, largeur 40 pouces. T.

MICHAU.

254 Un Paysage dont la gauche est ornée de fabriques & de diverses figures & animaux, près d'un chemin qui indique l'entrée d'un village; la droite offre plusieurs barques de pêcheurs, au bord d'une riviere qui se perd dans l'éloignement. Hauteur 14 pouces, largeur 18 pouces. B.

BOUT & BOURDEWYNS.

255 Deux Paysages faisant pendans; l'un représente au bord d'une riviere un grand chemin, sur le devant duquel on voit au bas d'une monticule

d'où s'éleve un grand arbre, deux mulets chargés & leurs conducteurs; & plus loin sur la gauche, un charrette attellée de trois chevaux, dont l'un est monté par le charretier, deux hommes sont assis au bord de la riviere qui est traversée d'une isle couverte de jeunes arbres, près de laquelle on voit dans l'éloignement des bateaux chargés de figures.

L'autre offre à droite sur un terrein élevé, & sur le premier plan près d'un grouppe de grands arbres, un paysan couché près d'une fileuse assise, accompagnée d'un petit garçon, ils gardent un troupeau de quatre vaches; plus loin une prairie en plan coupé par une haye vive, conduit à des fabriques environnées d'arbres, près desquelles on voit un repos de chasseurs à cheval, & d'autres à pied; à gauche près d'un étang d'une eau limpide, on distingue encore dans l'éloignement des Cavaliers, & d'autres figures; le lointain est formé par un hameau environné d'arbres, situé au milieu d'une pleine bornée par des montagnes. Hauteur 24 pouces, largeur 21 pouces T.

PAR LES MÊMES.

256 Un Tableau représentant la vue d'un Village situé près d'une riviere, où l'on voit le passage d'un bac, les devants sont ornés de plusieurs figures & animaux. Hauteur 12 pouces, largeur 22 pouces.

VANDER KABEL.

257 Un joli Tableau de forme ronde, d'une riche composition, représentant un Sacrifice à Cérès. Diametre de 11 pouces sur bois.

VAN BLOEMEN.

258 Une marche de Chevaux sur le devant d'une campagne, dont les fonds sont ornés de fabriques; ce tableau dont les animaux sont d'un dessin pur & savant, est peint avec fermeté. Hauteur 22 pouces, largeur 36 pouces. T.

PAR LE MÊME.

259 Un Tableau représentant Mercure voulant endormir Argus; on voit sur le devant un troupeau d'animaux sur un fond de paysage. Hauteur 18 pouces, largeur 24 pouces. T.

PAR LE MÊME.

260 Un Tableau représentant un paysage avec figures, l'on remarque sur le devant des animaux en repos. Hauteur 14 pouces, largeur 18 pouces. T.

LE CHEVALIER BREDAEL.

261 Un Tableau représentant une Foire de Village, sur le devant d'un paysage d'un site agréable; ce morceau dont la composition offre des détails intéressans, est du meilleur faire de ce maître. Hauteur 14 pouc., largeur 20 pouc. C.

HAKKERT.

262 Un Tableau représentant l'entrée d'un Bois,

le devant offre un grand chemin enrichi de figures, dont un chasseur précédé de deux chiens, conversant avec un enfant ; plus loin est une femme montée sur un âne, accompagnée d'un homme à pied ; ce morceau intéressant de composition, offre un site vrai & piquant d'effet. Hauteur 35 pouces, largeur 32 pouces. T.

VANDER POEL.

263 Lintérieur d'une Chambre rustique, au milieu un homme est assis, tenant une pipe & regardant un enfant qui joue avec un chien ; différents accessoires ornent encore ce tableau. Hauteur 16 pouces, largeur 14 pouces. T.

BRECKELENKAMB.

264 Un intérieur de Chambre, où l'on voit deux hommes assis près d'une table, l'un tenant un verre de vin, & l'autre occupé à allumer sa pipe ; on apperçoit dans le fond une domestique d'hotellerie. Hauteur 17 pouces, largeur 13 pouces. T.

CRAESBEKE.

265 Un Tableau de deux figures vues à mi-corps, dans un intérieur de chambre, dont un medecin aux urines près d'une table, il est occupé à regarder une phiole qu'une femme près de lui paroît lui avoir apportée. Hauteur 11 pouces, largeur 8 pouces. B.

A. VANDER NEER.

266 Un Clair de Lune représentant un Paysage, vue de Flandre, orné de figures sur les devants. Hauteur 9 pouces, largeur 14 pouces B.

PAR LE MÊME.

267 Un Clair de Lune, c'est la vue d'un Village Hollandois, on remarque sur les devants un moulin près d'une riviere, où l'on voit deux pêcheurs dans un bateau. Hauteur 21 pouces, largeur 18 pouces. T.

PAR LE MÊME.

268 La vue d'un paysage orné de riviere; effet de nuit, plusieurs figures occupent les devants; ce tableau piquant est d'une composition agréable. Hauteur 13 pouces, largeur 18 pouces T.

GRIEF.

269 Un des plus fins Tableaux de ce maître, représentant un lievre mort, & d'autres oiseaux grouppés sur le devant d'un paysage. Hauteur 32 pouces, largeur 25 pouces. T.

VAN FALENS.

270 Deux paysages dans le genre de Poelembourg; ils représentent des baigneuses auprès de ruines de fabriques, les fonds sont des paysages clairs. Hauteur 8 pouces 6 lignes, largeur 17 pouces 8 lignes. B.

MAYER.

271 Deux petits Paysages faisant pendants, ornés de figures & animaux, dans l'un est une jeune vivandiere & un garçon qui se chauffent, près deux un homme conduit un cheval blanc; l'autre représente un homme qui arrange des bagages pour charger un cheval blanc qui est près de lui; plus loin au bord d'une riviere, deux hommes pêchent des écrevisses. Ces deux jolis tableaux offrent des sites très-intéressans. Hauteur 6 pouces, largeur 7 pouces & demi. B.

FRANCE DELIEGE.

272 Deux petits Tableaux faisant pendants; composition de deux figures homme & femme, sujets tirés de la vie privée. Hauteur 6 pouces, largeur 5 pouces.

N. POUSSIN.

273 Un Paysage du style le plus sévere & de la composition la plus noble, formé de rochers, de masses d'arbres & de riviere; on voit sur un nuage qui descend jusqu'à terre, Jupiter porté sur son aigle, montrant à Calysto la place qu'elle doit occuper dans le Zodiaque dont on voit le disque dans le ciel. La Nymphe, changée en ours, s'avance sur le nuage pour échapper aux poursuites d'un chasseur que l'on voit au bas. Ce Tableau, qui nous retrace les roches & le caractere du sublime Tableau du Déluge

Déluge, ne peut qu'intéresser les amateurs du vrai beau. Haut. 33 pouces, larg. 40. T.

SÉBASTIEN BOURDON.

274 Une Fuite en Égypte; sur le premier plan on voit au passage d'une riviere la Vierge montée sur un âne, & tenant l'Enfant Jesus; elle est habillée d'une robe rouge & d'une draperie bleue; un Ange est auprès d'elle, tandis que trois autres volent au-dessus de sa tête portant une draperie; Saint Joseph à pied conduit l'âne; il est vêtu d'une robe aurore, & a la tête tournée vers deux hommes assis sur un plan éloigné gardant des moutons; le fond est un paysage orné de beaucoup de fabriques & de beaux arbres, un ciel richement nuagé termine cette belle composition. Ce Tableau d'une couleur fine & d'un grand caractere, doit être regardé comme un des ouvrages capitaux de cet habile Maître. Haut. 36 pouces, larg. 48. T.

BOUGUIGNON ET CASANOVA.

275 Deux Tableaux faisant pendans, représentant chacun un Choc de Cavalerie, dans l'un desquels le plus remarquable est un Militaire monté sur un cheval blanc, qui se baisse pour éviter un coup de pistolet. Ces Tableaux peints avec chaleur ont beaucoup d'énergie. N°. 175 de la collection de M. de Boisset. Hauteur 12 pouces, largeur 19 pouces 9 lignes. T.

C. LE BRUN.

276 L'Apparition de Jésus-Christ à Saint Étienne, avant son martyre. Ce Tableau de dix figures est d'un beau caractere. Haut. 43 pouces, larg. 32. T.

LAURENT DE LA HIRE.

277 Un Tableau, Paysage & Architecture, orné sur le devant de plusieurs figures, représentant Achille reconnu par Ulysse à la Cour de Nicomède. Hauteur 36 pouces, largeur 33. T.

J. STETTA.

278 Sainte Apolline martyre, visitée par l'Ange & Saint Pierre. Ce Tableau de trois figures est d'une touche fine. Haut. 14 pouces, larg. 20. T.

LÉLY.

279 Une jeune Femme vue à mi-corps, & de trois quarts coëffée en cheveux, ajustée d'un corsage rouge ; elle semble montrer un brasselet de perles que porte son bras droit. Hauteur 34 pouces, largeur 28. T.

C. PAROCEL.

280 Un Tableau représentant une Chasse au Lion sur le devant d'un Paysage. Ce morceau d'une couleur brillante est d'une riche composition Hauteur 24 pouces, larg. 36. T.

PAR LE MÊME.

281 Un Tableau d'une riche composition, représentant une Armée mise en fuite par un corps nom-

breux de troupes qui font une sortie d'une ville que l'on voit dans l'éloignement. Ce morceau brillant & vigoureux est du meilleur faire de ce Maître. Haut. 25 pouces, largeur 40. T.

BAPTISTE.

282 Un Tableau représentant un Vase rempli de fleurs, légérement grouppées ; il est sur une table. Hauteur 24 pouces, largeur 20. T.

NICOLAS LOIR.

283 Un Paysage & chute d'eau, avec fabriques, orné de figures sur différens plans ; on remarque à droite un grouppe de trois figures, représentant la Fuite en Égypte. Haut. 45 pouces, larg, 54. T.

COYPEL.

284 Le Génie & la Peinture, composition allégorique. Haut. 75 pouces, larg. 56. T.

N. VEUGLE.

285 Polyphême sur le rocher, écrasant Galathée & Acis. Cette composition de trois figures est du plus beau faire de ce Maître. Hauteur 4 pouces, largeur 3. C.

A. WATTEAU.

286 Un Tableau, composition de cinq figures, représentant une Scene de Comédie. Ce morceau d'une composition agréable est d'une bonne couleur. Hauteur 24 pouces, largeur 30. T.

PAR LE MÊME.

287 Un Tableau, Payſage orné de neuf figures principales ſur le devant; elles ſont occupées à faire de la muſique. Cette compoſition agréable eſt des premiers tems de ce Maître. Hauteur 24 pouces, larg. 22. T.

J. B. PATER.

288 Un Tableau, Payſage, vue de riviere & fabriques; on voit ſur le devant trois hommes aſſis au pied d'une maſſe d'arbrs. Le fond eſt terminé par un ſite montagneux. Hauteur 19 pouces, largeur 17.

N. LANCRET.

289 Un petit Tableau, compoſition de deux figures d'homme & de femme vues à mi-corps, près d'une table ſur laquelle eſt une lumiere, ils ſont occupés à lire une lettre. Ce morceau piquant d'effet eſt du bon tems de ce Maître. Hauteur 7 pouces, largeur 5 & demi. B.

LA FOSSE.

290 Vénus commandant des armes à Vulcain. Ce Tableau agréable eſt compoſé de ſept figures. Haut. 42 pouces, larg. 26. T.

BERTIN.

291 Deux Tableaux en travers, compoſition de trois figures chacun; l'un repréſente Loth & ſes filles, & l'autre eſt Suzanne ſurpriſe par les Vieillards. Hauteur 19 pouces, largeur 35. T.

J. B. GREMOU.

292 Une jeune Fille vue de trois quarts, coëffée en cheveux & légérement ajustée, tenant une corbeille remplie de fleurs. Haut. 26 pouces, larg. 21. T.

PAR LE MÊME.

293 Un Tableau repréſentant un Pélerin vu par le dos, la tête tournée de trois quarts & coëffée d'un chapeau. Haut. 36 pouces, larg. 26. T.

C. VANLOO.

294 Promethée attaché ſur le Mont Caucaſe, prêt à être dévoré par l'Aigle, que l'on voit planer au-deſſus; ce Tableau, d'un deſſin pur & correct, eſt rempli d'expreſſion, il vient de la vente de M. Watelet: n°. 8 du Catalogue, & a été vendu 600 liv. Hauteur 21 pouces, largeur 24 pouces. T.

F. BOUCHER.

295 Deux Tableaux faiſant pendans, l'un eſt l'intérieur d'un Jardin; ſur le premier plan qui eſt orné d'une caiſſe d'orangers & de pots de fleurs; une jeune fille vêtue d'un corſet aurore & d'une juppe rouge, reçoit dans ſon tablier des ceriſes que cueille un Jardinier monté ſur un arbre, au pied duquel on voit ſon chapeau & ſa veſte qui eſt bleue, une brouëte & d'autres outils de jardinage ſont diſpoſés à terre. L'autre repréſente auprès d'une chaumiere & contre une barriere de bois, une jeune fille aſſiſe accompagnée d'un enfant, un jeune payſan près

d'elle conduit un âne chargé de raisins; il en offre une grappe à la fille qui paroît lui donner un œuf en échange; on voit à terre un pot à lait renversé près d'un grouppe de belles plantes. Ces deux Tableaux sont très intéressans pour la décoration d'un appartement. Hauteur 64 pouces, largeur 45 pouces. T.

PAR LE MÊME.

296 Un Paysage d'un site montagneux; des chutes d'eau forment une riviere sur le devant, au bord de laquelle paissent deux vaches & une chevre gardées par un jeune pâtre qui est sur un terrein plus élevé, dans le fond on distingue deux autres figures. Ce Tableau qui est d'une composition agréable, tient de la maniere de Lemoine. Hauteur 30 pouces, largeur 36. T.

PAR LE MÊME.

297 La vue d'un Paysage d'une composition intéressante; on y voit sur la gauche & au-dessus d'une arche de pont un pigeonier & quelques chaumieres, sur la droite un verger & des rangées de saule; deux figures ornent les premiers plans, l'une est une jeune femme retroussée prête à traverser une riviere qui passe sur le devant. Ce Tableau vient de la vente de M. de Sereuil. Hauteur 25 pouces, largeur 30. T.

AUBRY.

298 Une esquisse peinte sur papier collé sur toile,

représentant le mariage rompu. Cette composition est la première pensée de son grand tableau. Hauteur 5 pouces, largeur 6 pouces. T.

M. ROBERT.

299 La vue d'une riviere, traversée d'un pont de bois, soutenu sur les ruines d'une arche en pierre; on voit passer dessus trois figures; au-dessous un bateau en pleine eau est chargé de pêcheurs; la droite est occupée par une prairie dans laquelle un homme & une femme accompagnés d'un chien, gardent un troupeau de trois moutons & d'une chêvre; dans l'éloignement on voit des blanchisseuses au bord de la rivière, qui est ornée d'îles & de fabriques. Ce tableau d'une couleur brillante, est de la composition la plus agréable. Hauteur 14 pouces, largeur 20 pouc. T.

PAR LE MÊME.

300 Un tableau, dont la droite presente une fontaine, au bas de laquelle plusieurs femmes sont occupées à puiser de l'eau; la gauche est ornée de deux figures sur le devant d'un riche monument d'architecture; on apperçoit dans l'éloignement plusieurs figures sur différens plans qui terminent cette composition. Hauteur 15 pouces, largeur 18 pouces. T.

PAR LE MÊME.

301 Un paysage orné d'architecture, représentant des ruines d'anciens monumens de Rome; deux figures,

ſe voyent ſur le devant. Ce tableau piquant a été peint en Italie. Haut. 24 pouces, larg. 41 pouc. T.

M. Hue.

302 Un payſage avec ſabriques & chaumieres, on y voit deux figures, dont une jeune fille conduiſant deux vaches & trois moutons vers un étang qui occupe les premiers plans. Hauteur 22 pouces, largeur 18 pouces. T.

Par le même.

303 Deux tableaux faiſant pendans, d'une couleur fraîche & agréable, repréſentant des payſages ornés de figures & animaux. Hauteur 14 pouces, largeur 17 pouces. T.

Par le même.

304 Une marine repréſentant une tempête accompagnée du tonnerre; la droite préſente des rochers, au bas deſquelles ſont ſix figures, dont une femme qui pleure ſon enfant, & une autre que deux hommes retirent de l'eau. Ce tableau vigoureux, eſt piquant d'effet. Haut. 24 p. largeur 30 pouc. T.

M. Lagrenée le jeune.

305 Une griſaille, forme de friſe, d'une riche compoſition, repréſentant un ſacrifice. Ce morceau ſpirituellement peint, eſt une des belles eſquiſſes de ce maître. Hauteur 10 pouces, largeur 47 pouc. T.

Par le même.

306 Un tableau riche de compoſition, repréſentant le

repos de la Sainte-Famille, ſur le devant d'un payſage orné de ruines d'architecture. Haut. 30 pouc. largeur 37 pouces. T.

PAR LE MÊME.

307 Deux tableaux faiſant pendans, repréſentant l'amour de la muſique & de la guerre. Hauteur 31 pouces, largeur 32 pouces. T.

M. RENAUD.

308 Une compoſition de ſix figures, repréſentant Galathée ſur les eaux. Ce tableau clair & brillant, eſt d'un faire facile & agréable. Hauteur 11 pouces, largeur 18 pouces. T.

LANTARA & J. B. LEPRINCE.

309 Un payſage orné de figures & animaux, par Leprince; le milieu eſt occupé par une rivière qui paſſe ſur le devant du tableau au pied d'un rocher, d'où s'éleve un groupe d'arbres: à droite ſur un terrein élevé, on voit deux hommes qui pêchent, & ſur les devans trois vaches & un chien ſont conduits à l'eau par un Pâtre; les fonds ſont enrichis de maſſes d'arbres & de fabriques ſur differens plans, & bornés par des montagnes qui ſe perdent dans la vapeur aërienne, parfaitement rendue dans ce tableau, qui eſt clair & brillant. Hauteur 14 pouces, largeur 18 pouces. B.

M. BOUNIEU.

310 Une compoſition de deux figures & animaux,

représentant Mercure se préparant à couper la tête à Argus; le fond offre des rochers & masses d'arbres. Hauteur 40 pouces, largeur 34 pouces. T.

M. HALL.

311 La tête d'un vieillard à barbe blanche, vue de trois quarts, coëffée d'un chapeau rond. Hauteur 12 pouces, largeur 8 pouces. T.

Mademoiselle GÉRARD.

311 *Bis.* Un tableau représentant l'intérieur d'une chambre; on voit sur le devant une jeune fille debout, elle est vêtue d'un juste de velours rouge, bordé de fourrure blanche, & d'une jupe de satin blanc, elle porte sur sa poitrine un gros chat angora blanc; on voit grouppé à droite, sur un fauteuil, un mantelet, un éventail, des gravures dans un porte-feuille, & sur une table un déjeuner; dans un renfoncement on distingue dans la demi-teinte un lit à colonnes torses. On connoît ce tableau par la gravure qu'en a faite M. Vidal, sous le titre du Triomphe de Minette. Haut. 22 p. largeur 18 p.

M. DUPONT.

312 Un paysage; la gauche est ornée d'une masse d'arbres près d'une forteresse, & d'un pont ruiné, sur une riviere qui serpente & se perd dans l'éloignement; à droite, les devants offrent un rivage sur lequel sont trois figures, l'un vêtu d'un manteau, qui dessine, un autre le regarde; plus loin on

voit une femme qui pêche, un chien, des troncs d'arbres ornent encore les premiers plans; plusieurs figures & fabriques enrichissent les fonds de cette composition, qui est d'un site aussi agréable qu'intéressant. Ce tableau de mérite, est le premier qui soit passé en vente; les productions de cet artiste peu connu méritent l'attention des amateurs. Hauteur 24 pouces, largeur 30 pouces. T.

M. DE BUCOURT.

313 L'intérieur d'une ferme, où l'on voit plusieurs figures d'hommes & de femmes à table près d'une cheminée; deux femmes sont encore sur un plan éloigné, divers accessoires ornent les fonds de ce petit tableau, qui est un des plus fins de cet artiste. Hauteur 4 pouces, largeur 3 pouces. B.

PAR LE MÊME.

314 Un tableau représentant un marchand d'orviétan à cheval dans une place publique, environné d'un grand nombre de figures, distribuées sur différens plans. Ce morceau d'une composition riche, est une de ses meilleures productions. Hauteur 13 pouces, largeur 11 pouces. B.

M. NOEL.

315 Deux tableaux représentans des paysages & fabriques d'un site pittoresque, ornés de figures d'hommes & de femmes. Ils sont clairs & piquans d'effet. Hauteur 5 pouces, largeur 4 pouces. B.

M. DEMACRE.

316 Deux tableaux faisant pendans; l'un représente le temple de la Sybille, près d'un escalier qui conduit à un jardin; l'autre est la vue d'une maison & jardin de plaisance, aux environs de Rome. Ces deux jolies compositions sont ornées de figures sur différens plans. Haut. 14 pouces, larg. 17 p. T.

J. B. PATER.

317 Une composition de deux figures dans un intérieur de chambre de peintre, représentant un sujet tiré des contes de la Fontaine. Hauteur 9 pouces, largeur 7 pouces. B.

EDROPPE.

318 Un tableau représentant une tempête; on voit dans l'éloignement à droite deux vaisseaux en pleine mer, un fort s'élève sur la gauche; le lointain est formé par des dunes qui se perdent dans la vapeur aërienne. Hauteur 7 pouces, largeur 11 pouces. B.

M. CAZIN.

319 La vue d'une riviere, au bord de laquelle un Pâtre fait abreuver des bestiaux; le fond offre la vue d'un village. Haut. 13 pouces, largeur 17 p. T.

INCONNU.

320 Deux tableaux représentant des oiseaux morts, sur des fonds imitans le sapin. Hauteur 12 pouces, largeur 9 pouces. T.

321 Cinq tableaux, dont une esquisse de Leprince, deux paysages avec figures & animaux, en hauteur dans la maniere de Van Romeyn; une Sainte-Famille, & un paysage par un maître moderne. Ces objets seront divisés.

322 Onze Tableaux par différens maîtres, qui seront divisés, dont une Fuite en Egypte, attribué *au Mole*; une femme qui trait une chevre, & un Satyre qui joue du tambour de basque; une Marine; deux Têtes de l'école de *Maria Crepi*; deux Têtes d'homme & de femme; deux petits Prud'hommes; un Paysage de *Metey*; & une Esquisse.

DESSINS MONTÉS

DES TROIS ÉCOLES.

DANIEL DE VOLTERRE.

323 Un Dessin de deux figures à la plume & au bistre, représentant Judith renfermant la tête d'Holopherne dans un sac que lui présente sa suivante. Hauteur 11 pouces, largeur 9 pouces.

PARMESAN.

324 Un Dessin à la plume & au bistre, réhaussé de

blanc ſur papier bleu ; repréſentant Circé qui excite les compagnons d'Ulyſſe à boire dans la coupe enchantée. Hauteur 10 pouces & demi, largeur 7 pouces & demi.

LEGUIDE.

325 Un Deſſin à la plume, repréſentant un grouppe de trois Anges tenant des couronnes de fleurs ; ce deſſin ſpirituellement fait, eſt de forme ovale, & paroît être l'étude d'un plafond. Hauteur 5 pouces, largeur 6 pouces.

VALERIO CASTELLI.

326 Un beau Deſſin, à la plume & au biſtre, réhauſſé de blanc, ſur papier bleu ; repréſentant le Calvaire ; compoſition riche. Hauteur 10 pouc., largeur 16 pouces.

PIETRO BIANCHI.

327 Un Deſſin colorié, de forme octogone, repréſentant l'Enlevement d'Europe ; ce morceau rare eſt bien conſervé. Hauteur 10 pouces, largeur 6 pouces.

P. FARINATI.

328 Un Deſſin forme de friſe, à la plume & au biſtre, réhauſſé de blanc, repréſentant un Sujet allegorique ſur la religion. Hauteur 4 pouces & demi, largeur 16 pouces.

FONTE BASSO.

329 Un Deſſin à la plume, ſur papier blanc, d'une

riche composition ; représentant le Mariage de Sainte Catherine. Hauteur 17 pouces, largeur 11 pouces.

PALMÉRIUS.

330 Trois Dessins, Paysages & fabriques, dont un à la plume & au bistre, & deux autres à l'encre de la Chine, sur papier blanc. Hauteur 11 pouces, largeur 14 pouces.

J. VANGOYEN.

331 Un Dessin à la pierre noire, représentant un Paysage orné d'une riviere gelée, sur laquelle on voit grand nombre de figures en traineau, & d'autres qui patinent. Ce dessin est piquant & spirituellement fait, sur papier blanc. Hauteur 4 pouces, largeur 7 pouces.

BARTHOLOMÉ.

332 Un petit Dessin à la plume & au bistre, représentant des ruines de fabriques & d'architectures, dans un Paysage orné de figures. Hauteur 4 pouces & demi, largeur 5 pouces & demi.

ADRIEN OSTADE.

333 La vue d'un Marché aux Poissons, orné de plusieurs figures d'hommes & femmes ; ce dessin à la plume & lavé à l'encre de la Chine, est sur papier blanc. Hauteur 13 pouces, largeur 11 pouces.

C. DUSART.

334 L'intérieur d'un Musico ; on y voit grand nombre de gens à table, occupés à boire & à jouer, on remarque au milieu un homme jouant du violon assis, une jambe étendue sur un banc ; ce dessin capital est à la plume, lavé d'encre de la Chine, sur papier blanc. Hauteur 10 pouces, largeur 9 pouces.

PAR LE MEME.

335 Un bon Dessin aux crayons noir & rouge, colorié, représentant un homme assis ; ce dessin rempli de finesse, est sur papier blanc. Hauteur 10 pouces, largeur 7 pouces.

VANDER DOES.

336 La Vue d'une prairie, où l'on voit un pâtre gardant une vache & trois moutons ; ce dessin colorié est bien conservé. Hauteur 6 pouces, largeur 9 pouces & demi.

A. VAN DENWELDE.

337 Un Dessin représentant l'entrée d'un Parc, orné de six hommes sur le devant, dont deux sont à cheval ; on voit dans l'éloignement auprès d'une fontaine, quelques figures ; le fond présente la façade d'un château ; ce dessin fait avec esprit est à l'encre de la Chine, sur papier blanc. Hauteur 10 pouces, largeur 8 pouces.

W. VANDEWELDE.

338 Deux Dessins sur papier blanc, représentant des marines ornées de figures : à la plume & à l'encre de la Chine. Hauteur 5 pouces, largeur 7 pouces.

C. DUJARDIN.

339 Un Dessin spirituellement fait à la plume & au bistre, représentant un paysage avec fabriques, enrichi de figures & d'animaux sur le devant. Hauteur 5 pouces, largeur 7 pouces.

BOTH.

340 Deux Dessins en hauteur, lavés à l'encre de la Chine mêlés de bistre, sur papier blanc; représentant des vues de campagne & études d'arbres sur le devant, d'une touche legere & spirituelle. Hauteur 9 pouces, largeur 6 pouces & demi.

H. VERSCHUURING.

341 La Vue d'un Parc orné de différents grouppes de figures & statues; ce dessin spirituellement fait à l'encre de la Chine, est sur papier blanc. Hauteur 8 pouces, largeur 7 pouces.

C. WISCHER.

342 Le portrait d'un Robin vu de trois quarts; dessin au crayon noir, sur papier blanc, bien conservé. Hauteur 6 pouces & demi, largeur 5 pouces.

DIETRICCI.

344 La Vue d'un grand Chemin, orné de six figures,

d'un cavalier & d'un charriot; ſur le devant eſt une femme debout, & plus loin un grouppe de cinq voyageurs en repos, près du chemin qui conduit à un village que l'on voit dans l'éloignement; ce deſſin eſt ſpirituellement fait à la plume, & lavé à l'encre de la Chine, ſur papier blanc. Hauteur 7 pouces, largeur 10 pouces.

PAR LE MÊME.

345 La Vue d'une Campagne, dont le devant préſente l'entrée d'un village; l'on voit ſur la gauche des chaumieres environnées d'arbres, ſous leſquelles paſſe un courant d'eau, près d'un chemin orné de quatre figures, dont deux hommes à cheval; la droite eſt occupée par un rocher; quelques chaumieres & maſſes de payſages terminent le fond de ce deſſin qui eſt lavé à l'encre de la Chine ſur papier blanc. Hauteur 8 pouces, largeur 11 pouces.

PAR LE MÊME.

346 Un Payſage d'un ſite montagneux & pittoreſque, où l'on voit pluſieurs figures ſpirituellement diſtribuées, & un grouppe de trois vaches ſur le devant; ce deſſin à la plume & au biſtre eſt du meilleur faire de ce maître. Hauteur 9 pouces, largeur 11 pouces.

D. J. VANDER LAAN.

347 Un Payſage orné de ſix figures; la droite préſente un pont de bois, ſur lequel une femme &

un enfant regardent des pêcheurs au bord de l'eau, occupés à retirer leurs filets; la gauche offre un groupe d'arbres & une chaumiere; ce dessin colorié & d'une grande vérité, est de l'effet le plus piquant. Hauteur 9 pouc., largeur 8 pouc.

PAR LE MÊME.

348 Deux Dessins d'une touche fine, & terminés à l'encre de la Chine; l'un représente un paysage avec chute d'eau; & l'autre la vue d'un canal gelé, orné de plusieurs figures. Ces deux morceaux sont d'égal mérite au précédent. Hauteur 10 pouces & demi, largeur 9 pouces & demi.

N. POUSSIN.

349 Un dessin à la plume & au bistre, sur papier blanc, représentant Moyse sauvé des eaux; cette composition de onze figures sur le devant, & d'une barque sur la droite, est terminée par un riche fond de fabriques & de paysage. Hauteur 4 pouces, largeur 7 pouces.

S. BOURDON.

350 Un Dessin représentant le départ de Vénus & Adonis; composition de trois figures en ovale, fait à la plume. 5 pouces de diamètre.

C. LE BRUN.

351 Un Dessin; composition de huit figures à la plume, représentant Diane & ses Nymphes au bain sous une grotte, & surprise par Actéon;

ce morceau rare & capital, eſt un des plus beaux de ce maître. Hauteur 8 pouces, largeur 11 pouces.

CLAUDE GELÉE, dit LE LORRAIN.

352 Un Payſage dans un ſite pittoreſque, orné de figures & d'animaux ſur le devant, & d'un groupe d'arbres ſur la droite; le ſecond plan eſt occupé par une riviere, bordée ſur la gauche de fabriques & de maſſes d'arbres; ce deſſin piquant, eſt lavé à l'encre de la Chine mêlé de biſtre. Hauteur 8 pouces, largeur 11 pouces.

J. STELLA.

353 Un Deſſin à la plume & lavé d'encre de la Chine, ſur papier blanc, repréſentant Jeſus-Chriſt dans le Jardin des Olives; des Anges lui préſentent les inſtrumens de ſa Paſſion. Hauteur 9 pouces, largeur 6 pouces & demi.

J. JOUVENET.

354 Une belle compoſition à l'encre de la Chine, réhauſſée de blanc, repréſentant Jeſus-Chriſt guériſſant les malades; l'on voit au-deſſus le Pere éternel dans une gloire; ce deſſin eſt terminé par un riche fond d'architecture. Hauteur 20 pouces, largeur 14 pouces.

LABELLE.

355 Un Deſſin précieuſement terminé à la plume, ſur vélin, repréſentant un Chaſſeur converſant avec une vieille femme qui file gardant des beſtiaux,

que l'on voit dans une prairie ſur la droite. Hauteur 7 pouces, largeur 10 pouces.

PAR LE MÊME.

356 Un Deſſin de forme ronde à la plume, orné de figures & d'animaux, repréſentant une marche de Satyres. Diamêtre de 8 pouces.

LA FAGE

357 Un Deſſin précieuſement deſſiné à la plume & à l'encre de la Chine, ſur vélin, d'une riche compoſition, repréſentant un Sujet de la Fable. Hauteur 5 pouces, largeur 7 pouces.

PAR LE MÊME.

358 Un Deſſin à la plume & lavé à l'encre de la Chine, repréſentant la Décolation de Saint Jean dans la priſon; cette compoſition eſt de quatre figures. Hauteur 15 pouces, largeur 10 pouces.

C. NATOIRE.

359 Un Deſſin colorié, repréſentant Orphée qui enchante les animaux; la droite eſt ornée de ſix figures ſur le devant; ce deſſin agréable de compoſition, eſt du bon faire de ce maître. Hauteur 12 pouces, largeur 16 pouces.

PAR LE MÊME.

360 Un Deſſin à la plume & au biſtre, repréſentant la Nativité; ce deſſin fait avec eſprit, eſt ſur papier blanc. Hauteur 8 pouces, largeur 6 pouces.

BOUCHARDON.

361 Un Deſſin précieuſement terminé à la ſanguine, ſur papier blanc, repréſentant un Enfant dans l'attitude d'une cariatide. Hauteur 16 pouces, largeur 11 pouces.

CARLE VANLOO.

362 L'intérieur d'une Maiſon de payſan, où l'on voit une jeune femme qui ſe défend d'un ſoldat qui veut l'embraſſer; divers acceſſoires ornent encore cette jolie compoſition; ce deſſin capital, eſt à la plume & lavé d'encre de la Chine. Hauteur 16 pouces, largeur 21 pouces.

J. B. LE PRINCE.

363 Un Deſſin au crayon & au biſtre, ſur papier blanc, repréſentant un Joueur de tambourin faiſant faire l'exercice à un chien. Haut. 9 pouces, largeur 5 pouces.

PAR LE MÊME.

364 Deux Deſſins Payſages au biſtre, auſſi piquans qu'agréables, ornés de figures & d'animaux. Hauteur 5 pouces, largeur 6 pouces & demi.

PAR LE MÊME.

365 Un Deſſin à la plume & au biſtre, dans la maniere de *Boucher*, d'une riche compoſition, repréſentant un Sacrifice. Hauteur 13 pouces, largeur 17 pouces.

LA RUE.

366 Un Repos de Cuiraſſiers près d'un Camp. Ce deſſin à la plume & au biſtre eſt d'un trait pur & correct, ſur papier blanc. Hauteur 11 pouces, largeur 19.

PAR LE MÊME.

367 Un Deſſin à la plume & à l'encre de la Chine mêlé de crayon, repréſentant un Champ de Bataille. Ce deſſin capital ne laiſſe aucun doute ſur l'originalité. Hauteur 8 pouces, largeur 13.

PÉRIGNON.

368 Deux Deſſins à gouache faiſant pendans; l'un repréſente le Temple de Janus près celui de Veſta, & l'autre celui des Termes de Tito & du fond de Saint Jean de Latran. Ces deux vues intéreſſantes ſont précieuſement terminées & ornées de figures. Hauteur 9 pouces, largeur 14.

PAR LE MÊME.

369 Pluſieurs Deſſins montés coloriés, repréſentant différentes vues d'Italie & autres, compoſitions intéreſſantes. Ces objets ſeront détaillés.

M. FRAGONARD.

370 Un Deſſin au biſtre, repréſentant la vue d'un Jardin des environs d'Italie, orné de figures ſur différens plans; on remarque ſur le devant un jeune homme roulant une brouette. Ce morceau

piquant offre un ſite des plus agréables. Hauteur 9 pouces, largeur 14.

PAR LE MÊME.

371 Un Payſage d'un ſite piquant & agréable, orné de deux figures, dont un Berger danſant avec une jeune fille, deux bœufs & quelques moutons ſont auprès. Ce deſſin, ſpirituellement fait, eſt au biſtre ſur papier blanc. Haut. 10 pouces, larg. 14.

PAR LE MÊME.

372 Un Payſage d'un ſite montagneux, orné de fabriques & de maſſes d'arbres, dont le bas eſt enrichi de pluſieurs grouppes de figures ſur les devants. Ce deſſin ſpirituel eſt au biſtre ſur papier blanc. Hauteur 13 pouces, largeur 17.

PAR LE MÊME.

373 Une compoſition de trois figures vues à mi-corps, repréſentant une femme qui ſe défend des attaques de deux hommes. Ce deſſin au biſtre ſur papier blanc eſt plein d'expreſſion. Hauteur 13 pouces, largeur 17.

PAR LE MÊME.

374 Un Deſſin au biſtre, repréſentant un Payſage en hauteur; la droite eſt occupée par une riviere; ſur laquelle on voit un bateau chargé de trois figures. Haut. 8 pouces & demi, larg. 6 & demi.

PAR LE MÊME.

375 Un petit Deſſin, Payſage au biſtre, ſur le de-

vant duquel paſſe une riviere ; il eſt orné de pluſieurs figures ſur les devants. Hauteur 6 pouces, largeur 9.

M. ROBERT.

376 Un Deſſin ovale aux trois crayons & colorié, repréſentant une vue du Capitole, orné de figures ſur différens plans.

PAR LE MÊME.

377 Un Deſſin à la plume & colorié, repréſentant le Temple de la Sybille & autres monumens d'Italie, orné de figures ; on remarque ſur le devant un enfant qui tire un chariot que deux femmes pouſſent par derriere. Ce morceau ſuave & piquant eſt d'une compoſition agréable. Hauteur 13 pouces, largeur 15.

M. COCHIN.

378 Un grand Deſſin à la plume & à l'encre de la Chine, repréſentant le Siege de Menin en 1745. Hauteur 14 pouces, largeur 22.

LAVRENCE.

378 *Bis.* Deux Payſages à la gouache ſur velin, repréſentant l'un un grouppe de cinq figures, hommes & femmes dans un jardin ; ils ſont occupés à faire de la muſique ; l'autre eſt un grouppe de ſept figures ; on remarque ſur le devant un enfant endormi qu'une jeune fille réveille en lui paſſant un chalumeau de paille ſur la bouche. On

connoît ces Tableaux qui ont tous deux été gravés le dernier, ſous le titre du *Mercure de France.* Hauteur 11 pouces, largeur 13 pouces 3 lignes.

PAR LE MÊME.

379 Quatre Deſſins coloriés à gouache, de compoſition agréable, repréſentant des ſujets tirés des Contes de la Fontaine. Hauteur 7 pouces & demi, largeur 5.

PAR LE MÊME.

380 Deux Deſſins coloriés, faiſant pendans, & repréſentant des intérieurs d'appartemens, ornés chacuns de trois figures d'hommes & de femmes. Ces deux jolis deſſins ſont remplis de fineſſes. Hauteur 8 pouces, largeur 6.

M. NORBLIN.

381 Un Deſſin colorié ſur papier blanc, repréſentant un Champ de Bataille : on voit ſur le devant à gauche un grouppe de Cavaliers, dont un portant une enſeigne, monté ſur un cheval blanc. Cette compoſition, remplie d'eſprit & d'effet, eſt une de ſes bonnes productions. Hauteur 11 pouces, largeur 16.

PAR LE MÊME.

382 Deux Deſſins ſur papier peint, repréſentant des Batailles ; compoſitions ſpirituelles, au biſtre rehauſſées de blanc. Hauteur 4 pouces, largeur 5.

PAR LE MÊME.

383 Un Dessin de forme longue en travers, à la plume & au bistre, représentant une Bataille. Cette composition est une des plus riches de ce Maître. Hauteur 5 pouces, largeur 11.

M. PARISEAU.

384 Deux Dessins à la plume & au bistre, dont un représente la mort de Suénon, Roi de Suede; le sujet est l'instant où à la clarté d'un rayon de lumiere, les deux Vieillards montrent au Chevalier le Corps du Roi; l'autre représente la mort de Socrate, c'est l'instant où on lui présente la Cigüe. Ces deux morceaux sont riches de composition. Hauteur 13 pouces, largeur 18.

M. FIXON.

385 Plusieurs Dessins, Paysages, figures & animaux au bistre rehaussés de blanc, qui seront détaillés dans les vacations.

M. HILAIRE.

386 Une vue des environs de Constantinople, représentant un Repos de Voyageurs, grouppés près d'un gros arbre toussu. Ce dessin terminé au bistre est un des plus fins de cet Artiste. Hauteur 8 pouces, largeur 13.

PILLEMENT.

387 Un Dessin de forme ronde, sur papier blanc à la pierre noire, représentant un pâtre conversant

avec une femme, gardant ſon troupeau. Ce deſſin ſpirituellement fait, offre des détails intéreſſans. 11 pouces de diamètre.

M. Carême.

388 Un Deſſin colorié, repréſentant une Danſe de Satyres & de Bacchantes, en l'honneur du Dieu des Jardins. Hauteur 9 pouces, largeur 7.

M. Mancet.

389 Deux Deſſins coloriés, repréſentant des Payſages d'un ſite agréable, traverſés de riviere & ornés de figures & d'animaux ſur les devants. Hauteur 7 pouces, largeur 12.

Par le même.

390 Deux Deſſins en hauteur coloriés, repréſentant des Payſages, d'une compoſition agréable, ornés de figures, dont une halte de ſoldats. Hauteur 13 pouces, largeur 9.

Mrs. Moreth & Taunay.

391 Deux jolies petites Gouaches faiſant pendans, repréſentant des Payſages & fabriques, ornées de figures par Mr. *Taunay*. Hauteur 5 pouces, largeur 6 pouces.

Lantara.

392 Deux Deſſins Payſages à la pierre noire, ſur papier blanc, compoſitions riches ornées de figures; ces deux morceaux ſont des plus fins de ce maître. Hauteur 9 pouces & demi, largeur 13 pouces.

Mr. HILAIRE.

393 Une Danse d'hommes & de femmes sur le devant d'un Paysage ; dessin à la pierre noire, réhaussé de blanc, sur un papier bistré. Hauteur 6 pouces, largeur 8 pouces.

M. BOISSIEU.

394 Un Paysage d'un site montagneux ; la droite est occupée par un pont ; ce dessin à la plume & au bistre, est orné de figures. Hauteur 6 pouces & demi, largeur 9 pouces.

M. MOITTE.

395 Un très-beau Dessin à la plume & au bistre, d'une riche composition, représentant des Bacchanales ou triomphe de Bacchus.

396 Plusieurs Dessins par différens maîtres modernes & autres ; la plus grande partie coloriés, qui seront détaillés dans le cours de la vente.

DESSINS EN FEUILLES

DES TROIS ÉCOLES.

LE PARMESAN,

397 Deux dessins, l'un est une étude de la Magdelaine dans le désert, un livre est ouvert devant elle ; dessin à la plume lavé au bistre. L'autre est un sa-

crifice antique; compofition de fept figures, deffin à la plume lavé de biftre.

SALVIATI, retouché par RUBENS.

398 Un fuperbe deffin, repréfentant une frife avec cartouche, grouppée de fatyres, de bacchantes & de figures au nombre de fept; on y voit encore fix mafques d'un grand caractere. Ce deffin à la plume, lavé de biftre, & relevé de blanc, eft entierement retouché par Rubens. Hauteur 17 pouces 6 lignes, largeur 26 pouces.

J. PAUL PANINI.

399 Deux deffins à la plume, lavés à l'encre de la chine, repréfentant des ruines d'architecture; dans l'un on voit des portiques ornés de pilaftres corinthiens, de ftatues & de bas-reliefs brifés, on y remarque fur le premier plán un atlas; dix figures difperfées fur différens plans animent cette jolie compofition: l'autre eft l'intérieur d'un temple d'Apollon, on voit fa ftatue au milieu, celle d'un lion & d'autres bas-reliefs ornent les premiers plans, fur lefquels on voit encore huit figures. Ces deffins d'une plume légere & d'une touche fpirituelle, font du bon temps de ce maître. Hauteur 12 pouc. lárgeur 16 pouces 6 lignes.

BENEDETTO LUTTI.

400 Un deffin à la plume, lavé de biftre & relevé de blanc, repréfentant la courfe d'Hippomène &

d'Atalante; le lointain offre de grands monumens. Ce dessin est connu par la belle estampe qu'en a faite M. Bartolozzi. Haut. 19 pouces, larg. 14 p.

J. PAUL PANINI.

401 Un dessin aquarelle, représentant les ruines d'un grand monument au pied duquel on voit un vase orné d'un bas-relief; quatre femmes sont auprès d'une fontaine surmontée d'un lion dont le muffle verse l'eau, un autre bas-relief de soldats & des débris de corniche ornent le premier plan à droite, sur lequel on voit un homme appuyé sur un bâton; des portiques en ruine terminent la vue. Ce dessin touché avec goût, est de mérite égal au précédent. Haut. 16 pouc. 9 lign. largeur 13 pouces.

JULES ROMAIN.

402 Un dessin à la plume, lavé au bistre & à l'encre de la Chine; composition riche, forme de frise, représentant des femmes romaines montées sur un chariot environné de soldats. Ce dessin d'une plume fine, & d'une composition noble, est un des beaux de ce maître. Haut. 14 pouces, larg. 20 p. 6 lign.

LE PARMESAN.

403 Un dessin fin & capital, représentant la conversion de Saint-Paul, composition de six figures. Ce dessin est à la plume, relevé de blanc sur tablette jaune; une touche spirituelle, une composition noble & savante, réunies au mérite d'être du bon

temps de ce maître, rendent ce morceau très-capital. Haut. 9 pouces 6 lign. largeur 8 p. 3 lign.

J. P. Panini.

404 Un dessin à la plume, lavé à l'encre de la Chine, représentant des débris de colonnes & de portiques; on voit quatre figures assises entre des corniches. Hauteur 10 pouc. 6 lignes, largeur 8 p.

Andrea Sacchi.

405 Un Dessin tracé à l'encre & lavé au bistre, sujet sacré, composition de six figures; on voit le Saint Esprit qui descend vers un Prêtre à genoux devant un autel; dans le fond sont plusieurs soldats. Hauteur 13 pouces 6 lignes, largeur 12 pouces.

Léonard de Vincy.

406 Un Dessin à la pierre noire relevé de blanc, représentant Vénus & l'Amour. Hauteur 13 pouces 6 lignes, largeur 8 pouces.

Guerchin.

407 Un Dessin au crayon rouge, représentant Apollon écorchant le Satyre Marsyas.

408 Huit Dessins de *Rembrants*, *Metzu*, *Vander Ulft*, *Paul Bril*, *Bartholomée*, *Both*, & *Berghem*.

409 Quatre Dessins par *Van Goyen*, *Berghem*, & *Loutherbourg*.

410 Six Dessins par *Lairesse*, *Vandevelde*, & autres.

P. PATEL.

411 Deux Paysages, peints à gouaffe fur vélin, ils font richement compofés, ornés de rivieres, fabriques, ruines, montagnes, & belles maffes d'arbres; on voit auffi des figures de beftiaux fur différens plans; ces deux morceaux font des mieux confervés de ce Maître. Hauteur 10 pouces 6 lig., largeur 13 pouces.

STELLA.

412 Quatre Deffins, forme de frife, d'après des bas-reliefs antiques.

M. ROBERT.

413 Neuf Deffins, au crayon rouge, repréfentans des vues d'Italie, deffinées d'après nature.

FRAGONARD.

414 Quatre Deffins dont deux à la plume, lavés de biftre, fujets des contes moraux de M. de Marmontel; deux autres Payfages coloriées l'un & l'autre, ornés de figures.

415 Quatre Deffins de *Coypel*, *Natoire*, *Claude*, & autres.

516 Deux Deffins, de la Rue, repréfentant des batailles, deffinés à la plume, & au biftre; ces deux morceaux font des plus fins de ce Maître.

417 Deux Deffins de Pierre Tefte & Cangiage; l'un repréfente une étude d'Anges dans les nues,

composition de quatre figures à la plume, lavé à l'encre de la Chine, par *Pietro Testa* : l'autre représente Jesus-Christ entre les Disciples d'Emmaüs, ils sont vus par le dos, & sont en marche, trait à la plume, sur papier bleu, par *Lucas Cangiagio*.

418 Six Dessins par *Jules Romain*, *Romanelly*, *Perino Delvaga*, *F. Mola*, *Lanfranco*, *Tassi*.

419 Sept Dessins par *Alexandre Veronese*, *Parmezan*, *Tintoret*, *Bassan*.

420 Treize Dessins Italiens par *Tassi*, *Dominiquin* & autres.

421 Quatorze Dessins, de *Seghers*, *Crayer*, *Le Prince*, *Cazanova*, & autres bons maîtres.

422 Cinq Dessins de *Romanelli*, *Ciroferi*, *Bourdon*, *Bourguignon* & *Rembrants*.

423 Un Porte-Feuille contenant cent cinquante Dessins ou environ, qui seront détaillés dans les vacations.

424 Sept Dessins de *J. P. Panini*, à la plume, de différentes grandeurs, représentant des monumens & ruines d'architecture & figures.

425 Huit Dessins de *Romanelli*, *Bourdon*, *Le Sueur*, *Boucher* & autres maîtres.

436 Huit Dessins de *Wander Meulen*, *Le Clerc*, *Larue* & autres.

427 Sept Deſſins Payſages de *Robert*, *Hue*, *Perignon* & autres.

428 Six Deſſins de *Breughel*, *Wander Meulen*, *Perelle*, *Perignon* & autres.

429 Cinq Deſſins, dont deux de *Luider*, & trois petits de *Natoire*.

430 Huit Deſſins par différens maîtres, dont un *Jean Steen*, un *Both*, un *Le Clerc* & autres.

431 Cinq Deſſins de *Dietricci*, *Wander Meulen*, *Ozanne* & autres

432 Sept Deſſins de *La Fage*, *Vallerio Caſtelli*, M. *Cochin* & autres bons maîtres.

433 Un Deſſin de *Fonte Baſſo*, à la plume; repréſentant le Déluge.

434 Deux Deſſins, Payſages & figures, à la plume & au biſtre, par *Weirotter*.

435 Quatre Deſſins de *Brower*, *Oſtade* & autres maîtres.

436 Huit Deſſins d'*Oſtade*, *Zachlewene*, & autres bons maîtres.

437 Trois Deſſins Payſages, dont un à la pierre noire, de M. *Fragonard*, & deux à la ſanguine, de M. *Robert*.

438 Un Deſſin de *Perignon*, Payſage & figures colorié, & à la plume.

439 Quatre Deſſins forme d'éventail, de *Natoire*, & *F. Boucher*

440 Six Deſſins, dont deux traits de plume, par *Palmierius*, *Parocel* & autres

441 Deux Deſſins, dont un à la plume, de *Wanloo*, & un *Pariſeau*

442 Six feuilles par le *Bourdon*, *Luckin*, *Lallemand* & autres.

443 Deux Deſſins de M. *Robert*, dont un au biſtre, & l'autre à la ſanguine.

444 Six Deſſins, de *C. le Brun*, *d'Huys*, *Piraneſe*, & autres.

445 Deux Deſſins au biſtre, repréſentant des Batailles.

DIFFÉRENS OBJETS,

TELS QUE BRONZES, PORCELAINES, &c.

BRONZE.

446 Deux beaux Bronzes, compoſition de deux figures chaque, repréſentant des hommes & des femmes qui luttent. 14 pouces de proportion ſur leurs ſocles de bronze doré.

M. CLODION.

447 Un Bas relief en terre cuite; compoſition de

deux figures de femmes & de six enfans, c'est l'Amour à qui une Bacchante bande les yeux, tandis que des petits Satyres jouent avec son arc & ses flèches. On voit dans l'éloignement près d'un arbre une statue de Pan : cette composition a toute la grace & le fini des ouvrages de cet habile artiste, dont le mérite est déja très-connu. Hauteur 12 pouces 3 lignes, largeur 14 pouces 6 lignes.

PORCELAINE DE VIENNE.

448 Un Déjeuner de la plus grande richesse & d'un travail précieux, composé d'un grand plateau fond blanc à guirlandes de fleurs & rubans, avec rebords à dessins bleu & or, orné de fleurs blanches en relief, & découpées à jour, les anses représentant un petit enfant qui caresse un aigle doré; deux pôts de différentes grandeurs avec leurs couvercles, les deux tasses à anse & leurs soucoupes, & deux corbeilles, l'une desquelles est monté sur un pied servant de sucrier; tous ces objets sont à ornement bleu & or & fleurs blanches de relief comme le plateau.

Dans un coffre doublé de velours bleu galonné d'or, & recouvert en maroquin rouge à dentelle d'or.

COROMANDEL.

449 Une Boëte avec un plateau uni, le dessus & les côtés sont ornés de fleurs de pavots en soie.

les feuilles vertes & or; elle eſt garnie d'une ſerrure en cuivre d'oré.

ANCIEN LAQUE DU JAPON.

450 Dix Taſſes & leurs ſoucoupes, en laque noir & or.

451 Différens objets en tous genre, qui ſeront détaillés dans le cours des vacations.

FIN.

Lu & approuvé ce 30 Avril 1787. COCHIN.

De l'Imprimerie de PRAULT, Imprimeur du Roi, quai des Auguſtins.